*Christine An*



# Dekozeit

*Schöne und kreative Ideen zum Selbermachen*
*Ideen und Tipps für Dekorationen aus der Natur*

Lifestyle
BUSSE
SEEWALD

# Herzlich Willkommen

*Liebe Leserin, lieber Leser,*

ich möchte Sie nun gerne auf einen Spaziergang durch meine „Dekozeit" einladen! Dieses Buch ist ein Sammelsurium an Ideen, Anleitungen, Pflanzen und Kostbarkeiten über das Jahr hinweg.
Mein wichtigster „Deko-Lieferant" ist die Natur und daher fülle ich meinen Korb zu den Jahreszeiten mit dem, was die Natur mir bietet.
Dazu kommen schöne Accessoires, tolle Stoffe, ein wenig handwerkliches Geschick und schon entstehen zauberhafte Dekorationen für Heim und Garten.

Ich zeige Ihnen, wie mit vorhandenen, gesammelten, gekauften oder auch geerbten Stücken tolle Dekorationen entstehen können und das mit möglichst wenig Aufwand und ohne viel Geld ausgeben zu müssen!

Ich freue mich, wenn auch bei Ihnen die „Dekozeit" anbricht.
Viel Spaß beim Blättern und Stöbern!

*Ihre*
*Christine Ann Föll*

**Ideen, Konzept, Fotos und Gestaltung:**
Christine Ann Föll
**Text:** Christine Ann Föll
**Druck und Verarbeitung:** Süddruck Neumann, Plauen

Printed in Germany

**ISBN 978-3-512-03304-9**

# Inhalt

# Traditionelle Details schaffen gemütliche Stimmung

Die Gemütlichkeit meines Heims war mir sehr wichtig und so habe ich mich bei der Gestaltung und Einrichtung nicht nach den neuesten Trends, sondern einfach nur nach meinem Bauchgefühl gerichtet.
Dazu kommt, dass wir viele Erbstücke erhalten haben, welche ich ungern auf dem Dachboden oder in Schränken verstecke.
Ich beziehe sie so oft es geht in die Dekoration der Räume ein.
Wie die Holzski links neben dem Kachelofen oder auch die kleinen Geweihe rechts neben dem Ofen. Ebenso gehören die Hirschgeweihe auf den Wandlampen (S.122) und der Wäschekorb zu den Erbstücken.
Der Wäschekorb hat mittlerweile die schöne Aufgabe, das Spielzeug für meine kleinen Gäste bereitzuhalten und ist durch die angeschraubten Rollen aus dem Baumarkt sehr flexibel.
Unsere Katze Kleopatra liebt das warme Plätzchen am Kachelofen und wenn dieser einmal aus ist, zieren ihn zwei Windlichter, die in genähten Stofftaschen stecken und farblich an die Vorhänge des Raums angepasst sind. Die gemütliche Wirkung des in elfenbein und rot gehaltenen Raum wird durch den bequemen Sitzplatz noch unterstrichen.
Der Tisch wird mit den Jahreszeiten umdekoriert, wie hier im Frühjahr mit dem Weidenkätzchenkranz von S.22.

# *Klassische Kombinationen unterstreichen stilvolles Ambiente*

Nach dem Hauskauf hatte ich schnell genaue Vorstellungen, wie das Haus nach der Renovierung aussehen sollte.
Die Antiquitäten, z.B. der Sekretär rechts, waren beim Kauf dabei und machten die Suche nach Tapeten und Stoffen umso schwieriger.
Ich habe mich für eine gewagte Kombination von cremegold und bordeauxrot entschieden, welche den stilvollen Möbeln gerecht wird und dem Raum ein wunderschönes Ambiente verleiht.
Alle im Haus verwendeten Tapeten sind bei Online-Auktionshäusern ersteigert, denn das Angebot ist sehr groß und vor allem günstig.
Ebenso preiswert sind Terrakotta-Rosentöpfe aus dem Gartencenter.
In dezenten Farben lackiert (am besten mit Sprühlack) und mit den Jahreszeiten umdekoriert sind sie immer wieder ein toller Blickfang.
Da ich gerne auf Flohmärkten stöbere, habe ich schon so manchen Schatz nach Hause getragen. Wie die alten Schuhspanner (oben Mitte), sie habe ich nur noch mit dunkler Lasur farblich an die Möbel angepasst.
Mit Stoff- oder Tapeteresten beklebe ich Holzständer oder Schachteln, was nicht nur dekorativ aussieht, sondern auch noch für Ordnung sorgt.
Es gibt sehr viele tolle Stoffe, Wohnaccessoires oder Pflanzen zu kaufen und ich habe Ihnen meine Lieblingsadressen auf S.168 aufgelistet.

# Originelle Einrichtung schmeichelt täglicher Umgebung

Die Küche war mein Sorgenkind - sehr klein und wenig Stellfläche.
Im Haus fand ich einen alten Tisch, welcher nach einer aufwendigen Restauration eine passende Keramikspüle aufgesetzt bekam und nun als Mittelpunkt der kleinen Küche glänzt.
Auch die antike Seifenschale von S.04 ist ein Fundstück und dient als kleiner Blickfang, denn sie wird immer wieder liebevoll umdekoriert. Emaille-Seifenschalen mit antiken Dessins werden wieder aufgelegt und sind über Online-Auktionen günstig zu erwerben.
Die selbstgebauten Regale lassen die Küche größer und offener wirken. Sie sind Ausstellungsfläche für die vielen, schönen Erbstücke und mit den zusätzlich angebrachten Haken bieten sie Platz für allerlei Nützliches.
Kleine, charmante Stoffherzen (Adresse S.168) an Knöpfe oder Haken verleihen dem Raum Gemütlichkeit und eine persönliche Note.
Einen gusseisernen Türklopfer habe ich kurzerhand zum Geschirrtuchhalter umfunktioniert, was nicht nur praktisch, sondern auch schön ist.
Meine Küche ist zwar klein, aber durch die originelle Einrichtung, die schönen Erbstücke und mit den romantischen Pastelltönen ein Blickfang mit großem Wohlfühlfaktor.

# *Charmante Details begleiten natürliches Flair*

Die Bepflanzung meines Gartens ist so angelegt, dass ich jederzeit auf die dort wachsenden, dekorativen Schätze zurückgreifen kann.
Ich pflanze Beerensträucher, Immergrüne, Schmuckstauden, Zwiebelblumen, dazwischen wachsen Walderdbeeren, Waldmeister oder Veilchen und natürlich auch Ziersträucher und Bäume.
Wege aus Natursteinplatten werden im Sommer sanft von Katzenminze oder Frauenmantel umspielt. Ab und an finden sich schöne Accessoires aus Metall oder Steinguss. Im Winter zeigt sich der Buchsbaum in einer strengen Pyramidenform, während er im Sommer von Frauenmantel, Herbstanemone und Weidenröschen umschmeichelt wird.
Leere Schneckenhäuser sammle ich in allen Größen und dekoriere sie in einer kleinen Amphore oder mache schöne Herzen daraus (S.56).
Pflegeleicht wachsen Funkien, Großes Immergrün und Katzenminze - sie sorgen mit Ihrem unterschiedlichen Laub für Abwechslung, auch wenn die Blütezeit einmal vorbei ist.
Die großen, immergrünen Blätter der Bergenie sorgen das ganze Jahr über für spannende Eindrücke und ihre frühe Blüte (Mitte März) macht sie umso interessanter für einen Gartenbesitzer.
Rosen habe ich immer als sehr pflegeintensiv vermutet, bis eines unserer Hochzeitsgeschenke „Leonardo da Vinci" hieß und ich seitdem die Pflegeleichtigkeit einiger Sorten (S.46/47) zu schätzen weiß.

# 03-05

## *März-Mai* Frühlingszeit

**Kosten:** *ca. 3,50 €* **Dauer:** *ca. 20 min* **Tipp:** *Sie können natürlich auch andere Formen verwenden!*

# Holztulpen

## *Material für 3 Tulpen:*

Weichholzplatte (min. 1 cm stark), Tulpenform (Schablone S.162), Laub- oder Dekupiersäge, Schleifpapier, Metallstäbe in unterschiedlichen Längen, Bohrer, Pinsel, Acryllack in Pastelltönen, pastellfarbene Bänder in unterschiedlichen Breiten.

## *Anleitung:*

Übertragen Sie die Tulpen-Schablone dreimal in gewünschter Größe auf die Weichholzplatte und sägen diese dann vorsichtig aus. Brechen Sie die Kanten mit Schleifpapier.
Wenn Sie die Holztulpen auf Metallstäbe basteln möchten, dann bohren Sie in die Unterseiten der Tulpen ein 2cm tiefes Loch für den Metallstab. Dann die Tulpenformen in den gewünschten Farben lackieren.
Stecken Sie die Tulpenformen auf die unterschiedlich hohen Stäbe. Sie können jede einzelne Tulpe noch zusätzlich mit verschiedenen, farblich passenden Bändern dekorieren.
Für die Tulpenlichter links bohren Sie vor dem Lackieren eine Vertiefung mit einem Forstner-Bohrer.

Getrocknete Weidenkätzchen auf ein Drahtherz kleben. Schöner Valentins- oder Muttertagsgruß!

Schön sind die Tulpenstäbe in Pastelltönen, denn so fügen sie sich schön in den Frühlingsgarten ein.

# Vielseitige Topfblüher

Da es im Frühjahr auf den Beeten noch ein wenig farblos zugeht, pflanze ich die vorgestellten Frühlingsblüher in Töpfe und Schalen. Im Haus halten sie sich leider nicht allzu lange und daher stelle ich sie über Nacht etwas kühler. Sobald sie verblüht sind, finden Sie ein Plätzchen in meinem Garten.
Die kleinen Gesichter der Hornveilchen (s. rechts weiße Sorte „Alba") zeigen sich in vielseitigen Farbvariationen und vertragen durchaus auch ein bisschen Frost. Kombiniert mit vorgezogenen Hyazinthen oder Tulpen bekommen sie auf schnellem Weg Frühlingsstimmung in Ihren Vorgarten oder auf Ihrem Balkon. Bei anstehendem Frost sollten vorgezogene Frühlingsblüher allerdings mit Vlies abgedeckt werden.

## „Bellis perennis"

*Das Gänseblümchen, auch Tausendschön oder Maßliebchen genannt, blüht von April bis Mai in rot, rosa oder weiß und wird bis 20cm hoch. Es gibt einfache, gefüllte und großblumige Sorten. Wählen Sie einen sonnigen Standort und nährstoffreichen Boden. Bellis sind nur zweijährig.*

## „Primula vulgaris"

*Die Kissenprimel blüht gefüllt oder ungefüllt von März bis April in vielen Farben und wird bis 10cm hoch. Sie steht gerne halbschattig und ist mehrjährig. Eignet sich auch als Zimmerpflanze.*

## „Muscari"

*Die Traubenhyazinthe begrüßt uns im April mit bläulichen oder weißen Blüten und wird bis 15cm hoch. Im Haus sollte sie hell und etwas kühler gestellt werden, damit die Triebe nicht zu lang werden.*

## „Narcissus cyclamineus"

*Die Alpenveilchen-Narzisse wird nur bis 15cm hoch und blüht schon sehr früh, von Anfang März bis April. Sie hält sich bei Zimmertemperatur ganz gut und ist auch in Kombination mit anderen Frühlingsblühern sehr schön, aber leider giftig.*

## „Hepatica"

*Das Leberblümchen ist ein einheimischer Frühlingsbote mit immergrünen Blättern und violett, weiß oder rosafarbenen Blüten, die ab März gefüllt oder ungefüllt erscheinen. Für drinnen nicht geeignet. Giftig. Geschützte Wildpflanze.*

## „Crocus"

*Der Krokus begrüßt uns von Februar bis März in zahlreichen Farben. Er bildet schöne farbige Teppiche, auch in der Rasenfläche. Giftig.*

*Es gibt viele Sorten des Vergiss mein nicht. Es sät sich im Halbschatten reichlich selbst aus und erscheint jedes Jahr wieder.*
*Das Vergiss mein nicht ist zweijährig und blüht ab Anfang April bis in den September hinein in zartem Hell- bis Mittelblau.*
*Die Myosotis-Sorten werden bis zu 40cm hoch und passen sehr gut in naturnahe Gärten, da sie sich über Aussaat vermehren und sich so über den ganzen Garten verteilen, ohne je aufdringlich zu wirken.*
*Das Wald- Vergiss mein nicht blüht auch in rosa (Myosotis sylvatica „Rosylva") oder weiß (Myosotis sylvatica „Snowsylva").*
*Die gezeigte Sorte „Myomark" blüht schon ab Anfang März in zartem Hellblau.*

Blüte 04-09

# *Myosotis*
# Vergiss mein nicht

„Myomark"

Als Serviettenhalter verwendet rundet der Eierbecher die Osterdekoration perfekt ab.

**Kosten:** *ca. 6,50 €* **Dauer:** *ca. 45 min* **Tipp:** *Die Zweige frisch auf dem Wochenmarkt kaufen, ist günstiger!*

# Ostertafel

## *Material:*

Styroporring 30-40 cm, Styropor-Eier, braune Dispersionsfarbe, Pinsel, 3 Bund Weidenkätzchen, Satinband, gekochte und gefärbte Eier, graues Abflussrohr, passende Servietten

## *Anleitung:*

Lösen Sie alle Weidenkätzchen von den Ruten und lassen Sie sie ca. 1 Woche trocknen.
Für den Kranz grundieren Sie den Styroporring mit der Dispersionsfarbe und lassen ihn gut trocknen. Ist er getrocknet, können Sie mit dem Aufkleben der Weidenkätzchen beginnen. Füllen Sie auch die Lücken mit Kätzchen, damit der Kranz eine schöne, geschlossene Oberfläche erhält.
Dann bringen Sie eine Schleife aus Satinband an und legen den Kranz mittig auf den Tisch. Füllen Sie die Mitte mit den gefärbten Eiern. Toll sehen auch die Kätzchen-Eier aus, die im gleichen Verfahren wie der Kranz hergestellt sind. Sie lassen sich auch schön in einem Korb mit Ostereiern dekorieren.
Für die Eierbecher sägen Sie das Abflussrohr auf ca. 4cm breite Streifen zu und bekleben es mit Weidenkätzchen. Dann binden Sie in der Mitte ein Band herum und setzen pro Gast noch ein farbiges Ei hinein.
Die Eierbecher können Sie natürlich auch als Serviettenhalter verwenden (s. links), was die Ostertafel stimmig abrundet.
Sie können den Weidenkätzchenkranz auch aufhängen oder liegend als Rahmen für ein Windlicht verwenden (S.07).

# Charmante Osterzweige

Es gibt viele Zweige, die für einen Osterstrauß geeignet sind und ich habe hier eine kleine Auswahl meiner Lieblingszweige.
Die wetterfesten Ostereier-Hänger (Schablone S.162) sind schnell selbst gemacht:
Ei-Schablone auf eine dünne Sperrholzplatte aufzeichnen und mit einer Laubsäge aussägen, Loch für Aufhänger bohren, Kanten mit Schleifpapier brechen, Eier in gewünschter Farbe (Acryllack) lackieren. Stoffreste mittels der zweiten Schablone zuschneiden und mit wasserfestem Holzleim auf das Ei aufbringen und komplett damit bestreichen.
Als Aufhänger verwende ich ein dünnes Satinband oder eine Paketschnur und verknote diese gut, damit sie durch die Feuchtigkeit nicht aufgehen kann.
Sie können natürlich auch Geschenkpapier, Folie oder Servietten anstelle des Stoffs verwenden.

## „Salix caprea"

*Männliche Salweide, auch Kätzchen-Weide genannt, bis zu 10 m hoch, bildet silbrige Weidenkätzchen aus, blüht von März bis April, sollten nach dem Schnitt nicht mehr ins Wasser gestellt werden, da sie sonst anfangen zu blühen, führt im blühendem Zustand häufig zu Allergien!*

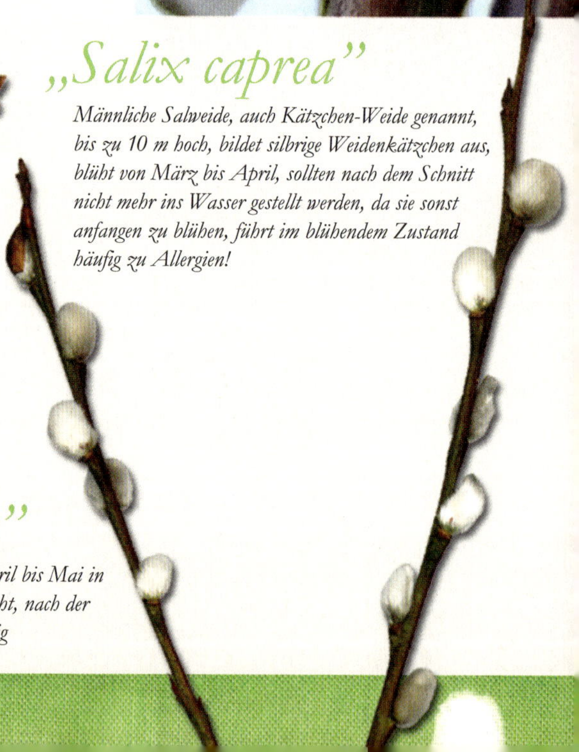

## „Forsythia x intermedia"

*Auch Goldlöckchen genannt, bis zu 3 m hoch, blüht von April bis Mai in gelb oder weiß, fast alle Sorten werden von Insekten verschmäht, nach der Blüte unscheinbar, blüht an zweijährigem Holz, schwach giftig*

Bastel-Tipp!

## „Corylus"

*Die Haselnuss wird bis zu 6 m hoch, männliche Blüten (Kätzchen) erscheinen meist schon im Februar und blühen unscheinbar in hellgrün-gelb, der Strauch trägt im Herbst Haselnüsse, welche sehr nahrhaft und vitaminreich sind, führt im blühenden Zustand und durch den Verzehr der Nüsse leider häufig zu Allergien. Die Korkenzieherhasel ist ebenso sehr beliebt in der Osterzeit, wächst allerdings sehr langsam und ist sehr teuer.*

## „Prunus serrulata"

*Japanische Blütenkirsche, bis 15 m hoch, baumartiger Strauch, blüht im April in weiß, oder rosaweiß, es gibt auch gefüllte Sorten, etwas empfindlich bei Frost, verbreitet wunderschöne Frühlingsstimmung, braucht als Schnittpflanze täglich frisches Wasser und sollte kühl stehen.*

*Ich liebe den Duft der Hyazinthe und hole sie mir auch gerne in meine Wohnräume. Im Garten lasse ich mir gerne ihren Hauch von Frühling um die Nase wehen und deshalb pflanze ich sie an Wege oder Sitzplätze. Auch für die Topfpflanzung ist sie geeignet. Sie blüht an sonnigen Standorten von April bis Mai in vielerlei Rot, Rosa, Rosé, Blau, Gelb- und Weißtönen und wird ca. 25 cm hoch. Eine Ausnahme ist „Anna Marie", sie blüht schon ab März in hellem Rosa. Die Hyazinthe ist giftig.*

Blüte 04-05

# *Hyacinthus orientalis*

# Hyazinthe

„Anne-Marie"

„Woodstock"

„Blue Jacket"

„Sky Jacket"

„Fondant"

*1 „Blenda"*
*matt hellrosarot, einfache früh blühende Tulpe, bis 50 cm hoch, blüht Anfang April bis Mai, sehr gut geeignet für den Schnitt*

*2 „Queen of Night"*
*schwarzrot, Cottage-Tulpe, 60 cm hoch, blüht ab Mai, beeindruckend an sonnigen Standorten*

*3 „Peach Blossom"*
*hellrosa (im Verblühen dunkler), früh blühende gefüllte Tulpe, 30 cm hoch, blüht ab Mitte April, sehr gut geeignet für den Schnitt und zur Topfpflanzung*

*4 „Angelique"*
*hellrosa, Pfingstrosentulpe, bis 50 cm hoch, blüht Mitte Mai, gefüllt blühend, sehr romantisch*

*5 „Negrita"*
*purpurviolett, mittelfrüh blühende Triumphtulpe, bis 50 cm hoch, blüht von Mitte April bis Mai*

*6 „Christmas Marvel"*
*leuchtend rosarot, früh blühende einfache Tulpe, bis 35 cm hoch, blüht ab Mitte April, blüht sehr lange, sehr gut geeignet zur Schalen- und Topfpflanzung*

*7 „Esther"*
*lachsrosa, Cottage-Tulpe, 45 cm hoch, blüht ab Anfang Mai, im Aufblühen hellorange*

*8 „Persian Pearl"*
*purpur, früh blühende Wildtulpe, bis 15 cm hoch, blüht ab März, gelbe Mitte, toll an sonnigen Standorten, auch gut zur Schalen- oder Topfpflanzung*

## Deko-Tipp!

Ein alter Emaille-Eimer vom Flohmarkt (gibt es auch neu zu kaufen) bekommt mit Hammer und Nagel 4-5 Abzugslöcher in den Boden und wird dann Anfang Oktober wie folgt bepflanzt:
Ich fülle eine ca. 2 cm hohe Lage Kies ein, mische ein wenig Sand mit Erde und setze dann die Zwiebeln (kleine Tulpen oder Hyazinthen) in die Mitte. Im Frühjahr setze ich drumherum Stiefmütterchen oder andere Topfblüher und der Eimer wandert dann von einer etwas farbloseren Ecke in die Nächste und wenn starker Frost angesagt ist, kann er schnell in Sicherheit gebracht werden.

# Bezaubernde Tulpensorten

**Kosten:** *bis 3 €* **Dauer:** *ca. 10 min* *Hier kommt es ganz auf das verwendete Material an!*

# Schmetterlinge

## *Material:*

1 Bogen Transparentpapier (für ca. 30 Stück), Schablone (S.163), Schere, kleine Zweige, schwarzer Bindedraht, Heißklebepistole

## *Anleitung:*

Übertragen Sie die Schablone auf das Transparentpapier und schneiden Sie dann die Schmetterlinge vorsichtig aus.
Dann schneiden Sie die Zweige in ca. 4-5 cm lange Stücke und umwickeln diese mit ca. 4 cm von einem 8 cm langen Stück Bindedraht, damit die Enden überstehen (zum Befestigen des Schmetterlings).
Nur die Flügel des Schmetterlings abschneiden und diese mit Heißkleber an die linke und rechte Seite des umwickelten Ast kleben, an welchem die Drahtenden nach unten zeigen.
Mittels des Drahts lässt sich der Schmetterling befestigen und kann nicht so schnell „wegfliegen". Sie können den Schmetterlingen auch Fühler aus Draht anbringen.

Die Schmetterlinge lassen sich auf Gestecken oder auch an verbliebenen Osterzweigen dekorieren.

Damit die Tulpen nicht weiterwachsen, steche ich mit der Messerspitze unterhalb des Kopfes einmal durch.

*Das Silberblatt - auch Silberling oder Judaspfennig genannt - ist eine einjährige, sehr beliebte Bauerngartenpflanze. Sie blüht im Halbschatten ab Anfang April bis Ende Mai in rotviolett oder weiß. Die Blüte lockt eine Vielzahl von Insekten an.*
*Die Lunaria werden bis zu 100 cm hoch und passen sehr gut in naturnahe Gärten.*
*Sie können sich über den ganzen Garten verteilen, da sie sich über Aussaat vermehren. Die Pflanze verdrängt allerdings schwächere Pflanzen. Nach der Blüte reifen die Samenstände in Form von grünen Talern (siehe rechts) heran. Diese verfärben sich im Herbst bräunlich und wenn die Schötchen aufspringen und die Samen freigeben, bleiben die silbern schimmernden Innenseiten der Schötchen stehen (S.146), welchen das Silberblatt seinen Namen verdankt.*

*Blüte* 04-06

# *Lunaria annua*
## Silberblatt

# Salzteig-Pralinen

## Material:

Acryllack in Pastelltönen, Haarpinsel, Wasser, Zucker-Perlen und Herzen, Heißklebepistole, Pralinenkapseln

## Salzteig (für ca. 40 Pralinen):

125 g Mehl, 125 g feinkörniges Salz, 80 ml lauwarmes Wasser, Holzspieß, Geschirrtuch, Backpapier, Backblech

## Anleitung:

Mischen Sie das Mehl und das Salz in einer Schüssel und kneten das Wasser langsam mit unter. Wenn der Salzteig eine feste, geschmeidige Konsistenz hat, formen Sie ihn zu einer Kugel und decken ihn für 30 min zu.
Ist der Salzteig fertig, formen Sie unterschiedliche Pralinen. Wenn alle fertig sind, das Blech bei 150° ca. 35 min in den Ofen schieben, damit der Salzteig fest wird. Nach dem Abkühlen die Pralinen bemalen.
Wenn Sie vor dem Backen in die Praline unten ein Loch stechen, können Sie die Praline nach dem Abkühlen zum Bemalen auf einen Spieß stecken.
Zum Schluss kleben Sie die Pralinen mit Heißkleber in die Pralinenkapseln. Die Pralinen lassen sich auch im fertigen Zustand auf einen Holzspieß stecken und z.B. in einen Blumenstrauß dekorieren. Salzteig löst sich in Wasser und sollte im Freien nur bei trockener Witterung dekoriert werden.
Die Pralinen sind nicht zum Verzehr!

Die Pralinen lassen sich in vielen Farben bemalen und verzieren und können so täuschend echt aussehen.

Die Ranunkel wirkt vor allem in Pastelltönen sehr schön und ist im Frühjahr schon vorgezogen erhältlich.

**Kosten:** *ca. 4 €* **Dauer:** *ca. 80 min* *Hier kommt es darauf an, ob Sie Streusel oder Ähnliches schon haben!*

# *Frühlingstafel*

## *Material:*

Frühlingsblüher aus dem Garten oder vom Wochenmarkt (Bellis, Narzissen, Hyazinthen, Ranunkeln oder Tulpen), Salzteigpralinen, Etagere, Muffins-Formen, Glas-Teelichthalter

## *Anleitung:*

Kleiden Sie die Etagere mit Moos aus und besprühen es mit Wasser, damit es seine grüne Farbe behält. Dekorieren Sie einzelne Blüten und Pralinen dazwischen.
Leider halten sich die Blüten nur für ein paar Tage, aber die Salzteig-Pralinen (S.35) sind dafür sehr lange haltbar und sehen auch solo auf der Etagere sehr dekorativ aus.
Für die Muffins-Vasen kleben Sie einen Glas-Teelichthalter mit etwas Heißkleber in eine Muffins-Form, geben vorsichtig Wasser und ein paar Blüten hinein.
Sie können auch Teelichter in die Förmchen stellen, sollten diese aber wegen starker Hitzeentwicklung nie unbeaufsichtigt brennen lassen!
Salzteig ist leider wasserlöslich, daher empfehle ich Ihnen für die reine Außendekoration eine geeignete Modelliermasse zu verwenden.

Glas-Teelichthalter mit Holzleim bestreichen und in Streuseln wenden trocknen lassen. Kerze nur unter Aufsicht brennen lassen!

Die Akelei ist eine der schönsten Wildstauden und für naturnahe Gärten nahezu perfekt geeignet. Die „Aquilegia vulgaris" blüht in violettblau und wird bis 60 cm hoch. Sie passt sehr gut in naturnahe Gärten, da sie sich sehr stark über Selbstaussaat verteilt. Sie steht gerne auf nährstoffreichen Böden an sonnigen Plätzen. Gezüchtete Sorten sind in vielen unterschiedlichen Farbtönen, gefüllt (wie „Nora Barlow" oder „William Guiness Double") und ungefüllt erhältlich.
Akeleien säen sich nicht sortenecht aus, daher ist jede erste Blüte eine Überraschung.
Als Schnittblume verwende ich sie nicht.
Die Akelei ist leicht giftig.

Blüte 05-06

# *Aquilegia*

# Akelei

„Grandmothers Garden"

„William Guiness Double"

„Nora Barlow"

„Aquilegia atrata"

## *Osterei-Hängevase*

Entfernen Sie von einem Kunststoff-Ei den Aufhänger, schneiden Sie ein schönes Motiv aus einer Serviette aus und kleben Sie es auf das Kunststoff-Ei.
Lassen Sie es gut trocknen und lackieren Sie das Ei zweimal mit Sprüh-Klarlack. Befestigen Sie mittels Heißkleber eine Paketschnur als Aufhänger an dem Ei. Als Rahmen für die Vase können Sie auch obenauf noch eine farbige Filzblüte mit einem Loch in der Mitte oder auch ein bisschen Moos kleben. Nachdem alles gut getrocknet ist, füllen Sie das Ei zur Hälfte mit Wasser (funktioniert sehr gut mit einer Einweg-Spritze aus der Apotheke).
Nun können Sie einen Frühlingsblüher hineinstecken. Sollte die Öffnung oben zu klein sein, läßt sie sich mit der Spitze eines scharfen Messers größer schälen.
Toll als kleines Oster-Mitbringsel!
Sie können zusätzlich auch den Schriftzug „Frohe Ostern" auf das Ei aufbringen!

# *Frühlingszeit - die Zeit der Farben und der Vorfreude*

Kaum ruft der Frühling, zieht es mich nach draußen.
Das erste Grün erscheint, die Vögel zwitschern fröhlich ein Liedchen und ich entferne Reisig und Laubreste von den Beeten.
Es herrschen meist pastellfarbene Töne in meinem Garten, doch ab und an blitzt ein fröhliches Gelb dazwischen und sorgt für eine herrlich frühlingshafte Stimmung. Um die Deck-Chairs habe ich im Herbst eine Umrandung mit frühen, gelben Narzissen gepflanzt und nun sind sie nicht nur Liegefläche, sondern auch eine tolle Dekoration.
Überall im Garten verteile ich bepflanzte Töpfe und Schalen und freue mich über die zunehmende Farbenpracht in den Beeten.
Mein Pflanztisch ist aus verzinktem Metall und somit wetterfest.
An der Bretterwand hinter ihm habe ich Fundstücke aus dem Haus, wie z.B. alte Holzsägen und Zinkwannen aufgehängt und eine Ecke des Tischs wird natürlich auch mit den Jahreszeiten umdekoriert.
Ebenso hält Ostern bei mir im Garten Einzug und an einem Strauch hängen pastellfarbene Kunststoff-Eier und ein selbstgemachter Osterkranz begrüßt die Gäste an der Haustüre.
Die Hyacinthoides hispanica „Rose Queen" blüht erst Mitte Mai und wirkt besonders schön, wenn sie in größeren Gruppen gepflanzt wird.

*Das Spanische Hasenglöckchen blüht in lavendelrosa, blau oder weiß. Es sät sich reichlich selbst aus.*

# 06-08

## *Juni-August*

# Sommerzeit

**Kosten:** *bis 10 €* **Dauer:** *ca. 25 min* *Hier kommt es darauf an, ob Sie frische oder künstliche Blumen verwenden!*

# Sommerkranz

## *Material:*

Strohkranz 35 cm und 20 cm, verschiedene Stoffreste, farblich passende Bänder, Stoffhortensien (oder Echte), Stoffrose, Moos, Draht, Heißkleber

## *Anleitung:*

Die Stoffreste der Länge nach in ca. 8 cm lange und ca. 15 cm breite Streifen schneiden und den Strohkranz vorsichtig damit umwickeln und die Enden an der Rückseite überlappend feststecken.
Damit die Übergänge schöner aussehen, können Sie diese mit einem farblich passenden Band kaschieren. Den zweiten Strohkranz mit Moos, Draht und einem farbigen Band umwickeln und mit Heißkleber mittig in den Stoffkranz kleben. Dann die Hortensienblüten in die Mitte dekorieren und zum Schluss noch eine farblich passende Stoffrose in die Mitte stecken.

Motive (S.163) in leere Dosen stechen, lackieren, Stoffherz aufkleben, Aufhänger dran- fertig ist eine Laterne.

Die alten Gartenschuhe aus Holz sind ein Fundstück und dienen im Sommer als Blickfang im Garten.

*1 „Marie de Blois"*

*Moosrose, rosa mit lila Schimmer, bis 150 cm hoch, blüht ab Juli und im Herbst ein zweites Mal, sehr große, gefüllte und kugelige Blüten (auch gut für die Vase), duftet intensiv*

*2 „Rose de Resht"*

*Damaszenerrose, hell purpurrot, bis 100 cm hoch, wächst aufrecht, auch für niedrige Hecken geeignet, blüht ab Juli bis zum ersten Frost, duftet intensiv*

*3 „Leonardo da Vinci"*

*Moderne Rose, Beetrose, dunkelrosa, bis 80 cm hoch, blüht ab Ende Juli bis zum ersten Frost, sehr robust, gut für die Vase, leider kaum Duft*

*4 „New Dawn"*

*Kletterrose, zartrosa, bis 400 cm hoch, blüht ab Juli bis zum ersten Frost, duftet leicht nach Zitrone*

*5 „Reine de Violettes"*

*Remontantrose, purpurviolett, bis 150 cm hoch und nur 60 cm breit, blüht oft nur einmal ab Ende Juli, duftet fliederähnlich*

*6 „Pink Hit"*

*Zwergrose, hellrosa, bis 30 cm hoch und ebenso breit, blüht ab Juni bis zum Frost, gut für die Vase, sehr robust, leider kein Duft*

1

2

## Deko-Tipp!

Im Sommer dekoriere ich die Waagschale meiner alten Küchenwaage mit Schwimmkerzen und Blüten im Wasser.
Die Blüten halten sich min. 1 Woche und am Besten eignen sich z.B. Rosen-, Dahlien- oder Zinnienblüten, wenn ein kleines Stück Stängel erhalten bleibt. Anstelle der Schwimmkerzen sehen auch Muscheln schön sommerlich aus.
Funktioniert natürlich auch mit einer Glas- oder Porzellanschale.
Die Küchenwaage wird mit den Jahreszeiten umdekoriert und sorgt so auch in der Küche für stimmungsvolles Flair.

3

4

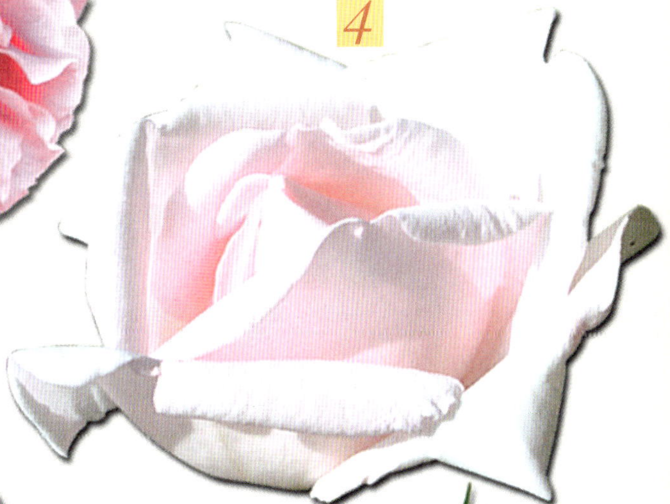

5

6

# Pflegeleichte Rosensorten

*Die Lupine ist mein schönster Sommerblüher und mit ihren Blütenkerzen zaubert sie einen Blickpunkt in sonnige Staudenbeete.*
*Von Schnecken wird sie gemieden - ein Grund mehr, sie anzupflanzen. Leider lassen sich aus den Samen nicht dieselben Farben ziehen, aber so bleibt es bis zum nächsten Jahr spannend, welche Farben dieses Mal entstanden sind.*
*Wenn Verblühtes regelmäßig ausgeschnitten wird, blüht die Lupine von Juni bis September in weiß, gelb, blau, karminrot und rosa.*
*Sie hat wintergrünes Laub, ist sehr anspruchslos und eignet sich auch sehr gut als Schnittblume. Die Garten-Lupine ist giftig!*

Blüte 06-09

# *Lupinus polyphyllus*
# Garten-Lupine

„Schlossfrau"
„Edelknabe"

# Salzteig-Erdbeeren

## Material:

Acryllack in rot, grün und gelb, Haarpinsel, Wasser

## Salzteig (für ca. 30 Erdbeeren):

250 g Mehl, 250 g feinkörniges Salz, 120 ml lauwarmes Wasser, Geschirrtuch

## Anleitung:

Mischen Sie das Mehl und das Salz in einer Schüssel und kneten das Wasser langsam mit unter. Wenn der Salzteig eine feste, geschmeidige Konsistenz hat, formen Sie ihn zu einer Kugel und decken ihn für 30 min zu (so wird er geschmeidiger und besser zu verarbeiten). Ist der Salzteig fertig, Kugeln in gewünschter Größe der Erdbeeren (können auch gerne unterschiedlich sein) formen und diese wiederum verformen wie eine Erdbeere.
Dann aus kleinen Kügelchen die Blätter formen und jeweils fünf davon auf die hintere Seite der Erdbeere setzen. Die Kontaktstelle vorher ein bisschen feucht, damit es besser hält. Setzen Sie die fertigen Erdbeeren auf ein mit Backpapier ausgelegtes Backblech, welches Sie dann bei 150° ca. 35 min in den Ofen schieben, damit der Salzteig aushärtet. Nach dem Abkühlen die Erdbeeren bemalen.

Von echten Erdbeeren kaum zu unterscheiden... saftige Erdbeeren gehören einfach zum Sommer dazu!

Kombiniert mit kräftigem Grün entsteht Sommer pur und die Limonen eignen sich hierfür hervorragend.

**Kosten:** *bis 7 €* **Dauer:** *ca. 75 min* *Hier kommt es darauf an, ob Sie Acryllack haben oder nicht!*

Die Lochmusterkeramik unterstreicht den charmanten Charakter der Erdbeeren.

**Kosten:** *bis 10 €* **Dauer:** *ca. 35 min* **Tipp:** *Natürlich können Sie auch Kunststofferdbeeren verwenden!*

# Erdbeertafel

## *Material:*

Tortenplatte, Strohkranz, Draht, Moos, ca. 25 Salzteig-Erdbeeren, Heißkleber

## *Anleitung:*

Den Strohkranz mit dem Moos und Draht umwickeln. Dann die Erdbeeren mit dem Heißkleber auf den Mooskranz kleben.
Den fertigen Erdbeerkranz auf die Tortenplatte legen. Sie können auch eine Schale mit Wasser in die Mitte stellen und darin frische Sommerblumen aus dem Garten oder vom Wochenmarkt drapieren. Wenn Sie wenig Platz zur Verfügung haben, wäre z.B. die Variante oben rechts denkbar.
Hierfür setzen Sie eine Pflanze in einen dekorativen Topf und mit etwas Moos und zwei Erdbeeren wird es schön sommerlich. Wenn Sie keinen Garten oder keine Zeit haben, dann sieht der Erdbeerkranz auch ohne Dekoration sehr schön aus oder Sie setzen eine Stoffblüte (s. rechts) in die Mitte.

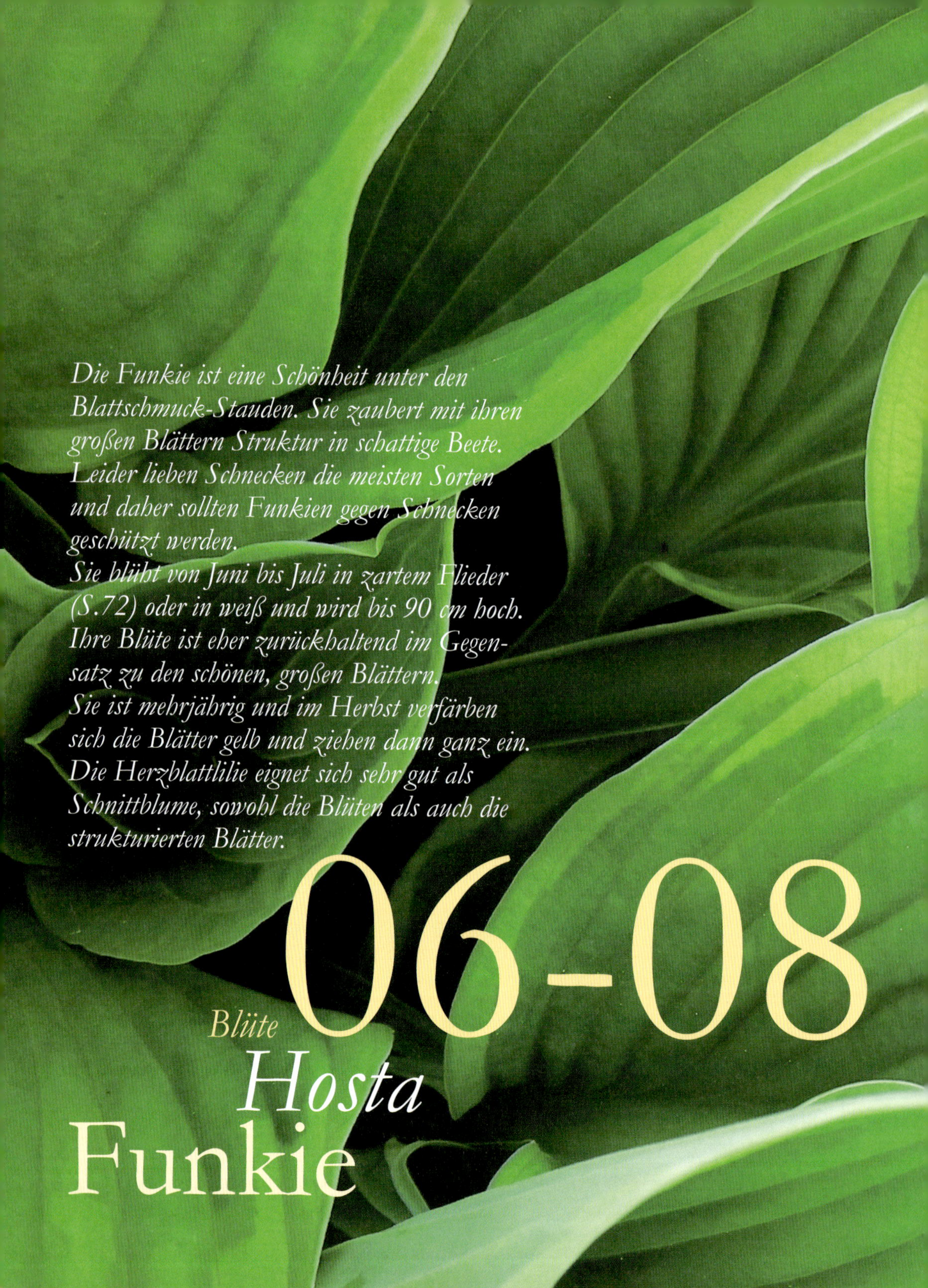

*Die Funkie ist eine Schönheit unter den Blattschmuck-Stauden. Sie zaubert mit ihren großen Blättern Struktur in schattige Beete. Leider lieben Schnecken die meisten Sorten und daher sollten Funkien gegen Schnecken geschützt werden.*
*Sie blüht von Juni bis Juli in zartem Flieder (S.72) oder in weiß und wird bis 90 cm hoch. Ihre Blüte ist eher zurückhaltend im Gegensatz zu den schönen, großen Blättern.*
*Sie ist mehrjährig und im Herbst verfärben sich die Blätter gelb und ziehen dann ganz ein. Die Herzblattlilie eignet sich sehr gut als Schnittblume, sowohl die Blüten als auch die strukturierten Blätter.*

*Blüte* 06-08

# *Hosta*
# Funkie

*1 „Hedera helix"*
*Efeu, kletternde Sorten bis 20 m hoch, immergrün, blüht erst nach 8 Jahren von September bis Oktober und bildet danach im Februar bis April die giftigen Früchte aus, für schattige Standorte, schön als Grün in Blumensträußen, Kränzen oder Gestecken*

*2 „Liatris spicata"*
*Prachtscharte, bis 100 cm hoch, in lila oder weiß erhältlich, blüht von Juli bis Oktober an sonnigen Standorten, gute Schnittpflanze, blüht als einzige Staude von oben nach unten. Nach der Blüte schneide ich sie knapp über dem Boden ab, da sich das Laub unschön verfärbt, daher steht die Prachtscharte bei mir auch nicht im Beetvordergrund*

*3 „Dianthus plumarius"*
*Federnelke, bis 30 cm hoch, einfache oder gefüllte Sorten, blüht in weiß, rosé oder rot von Ende Mai bis Mitte Juli an sonnigen Standorten, würziger Duft, breitet sich teppichförmig aus, für kleine Blumensträuße sehr gut geeignet, kommt auch gut mit trockenem, durchlässigem Boden klar*

*4 „Digitalis purpurea"*
*Fingerhut, bis 120 cm hoch, blüht von Juni bis Juli in rosa, weiß oder apricot, sät sich gerne selbst aus, Lieblingsnahrung von Hummeln, leider hochgiftig*

*5 „Allium Purple Sensation"*
*Zierlauch, purpurviolett, 80 cm hoch, blüht Anfang Juni, die Samenstände sind auch sehr dekorativ, sollten allerdings nicht zu lange stehen bleiben, da die Brutzwiebeln sonst keine Kraft für die nächste Saison tanken können. Es gibt niedrige bis hohe Allium-Sorten in vielen Farben mit unterschiedlichen Blütezeiten*

*6 „Monarda"*
*Indianernessel, bis 100 cm hoch, starker Duft, blüht von Juli bis August an sonnigen, trockenen Standorten in weiß, rosa und rot. Leider leiden die meisten Sorten unter Mehltaubefall und daher pflanze ich sie nicht zu dicht und schneide sie nach der Blüte knapp über dem Boden ab.*

## Bastel-Tipp!

Wenn meine Amphore (S.12) einmal zu voll wird, suche ich etwa 25 gleichgroße, schöne Schneckenhäuser aus und lege diese in Herzform aus. Sieht das Herz schön gleichmäßig aus, klebe ich die Schnecken nacheinander mit Heißkleber aneinander fest. Sie können sich auch ein Drahtherz vorbiegen und die Schnecken darauf festkleben. Die Schneckenherzen lassen sich auch mit einem Aufhänger versehen und z.B. an dekorativen Rosenstäben befestigen. Diese gibt es schon sehr günstig zu kaufen und lassen sich zu jeder Jahreszeit vielseitig dekorieren und nutzen.

# Ausdauernde Schnittblumen

**Kosten:** *bis 8 €* **Dauer:** *ca. 25 min* **Tipp:** *Auf S.168 finden Sie Bezugsquellen für schöne Stoffe!*

# Stoffbirnen

## *Material:*

grüner Stoff, Schablone (S.164), Nähmaschine, Nadel, Garn, Füllwatte, dünner Ast für den Stiel, Schere, Gartenschere

## *Anleitung:*

Übertragen Sie die Schablone insgesamt viermal mit 1cm Nahtzugabe auf die Stoffrückseite. Schneiden Sie alle 4 Seiten der Stoffbirne aus. Dann nähen Sie - rechts auf rechts - eine Seite nach der anderen aneinander fest (an der schmalen Seite soweit nähen, dass später der Stiel gerade noch hineinpasst). Schliesslich nähen Sie die Seite 1 und 4 der Birne aneinander, so dass ein Hohlkörper entsteht. Wenden Sie den Hohlkörper, damit die Nähte nach innen zeigen.
Die Birne mit der Füllwatte füllen, so dass sie schön drall aussieht. Dann mit großen Heftstichen einen etwa 15 cm langes Stück Garn durch die Unterseite der Birne ziehen, so dass es sich zusammenziehen und verknoten lässt.
Für den Stiel mit der Gartenschere ein etwa 2,5 cm langes Stück von den dünnen Ästen abschneiden und oben in die schmale Öffnung stecken.

Farblich passende Servietten und schönes Silberbesteck runden den spätsommerlichen Tisch ab.

Keine Hortensienblüten? Auf einem farblich passenden Sisalband aufgereiht, sehen sie genauso gut aus!

*Die Clematis ist wohl eine der bekanntesten Kletterpflanzen. Es gibt sehr viele Arten, in tollen Farben und Variationen, welche zu unterschiedlichen Zeiten blühen und in verschiedene Schnittgruppen unterteilt sind.*
*Leider habe ich so manche Waldrebe aufgrund der Clematis-Welke (Pilz im Boden) umpflanzen müssen.*
*Die Clematis „Purpurea Plena Elegans" ist weitestgehend welkeunempfindlich und durch die kleinen, gefüllten purpurfarbenen Blüten für mich eine meiner Favoriten.*
*Allerdings blüht sie erst ab Ende Juni und eignet sich - wie „Ville de Lyon" in rotviolett oder „Etoile Violette" in dunkelviolett - hervorragend zur Pflanzung mit einer Kletterrose.*
*Die Clematis montana in meinem Garten sind bis zu 12 m hoch und daher nicht für kleine Rankgerüste geeignet. Sie blühen schon ab Anfang Mai in tollen Pastelltönen.*
*Meine Clematis alpina sind sehr robust und auch teilweise schattenverträglich. Schön sind z.B. „Ruby" oder „Princess Diana" mit ihren glockenförmigen, rosa Blüten, die häufig schon ab April erscheinen.*

Blüte 06-09

# *Clematis*
# Waldrebe

*Clematis montana „Rubens"*

*Clematis Hybride „Ville de Lyon"*

*Clematis „Pixie"*

*Clematis „Pink Fantasy"*

# Attraktive Getreidesorten

Ich mag die Farbe des Getreides, denn es passt sehr gut in die spätsommerliche, ja fast schon herbstliche Dekoration. Ich binde Girlanden, Kränze oder Sträuße aus den Getreidehalmen.
Mein Bastel-Tipp:
Sägen Sie eine Teppichrolle (aus dem Fachhandel) in ein 40 cm und 25 cm hohes Stück zu.
Von einem großen Bund Weizenähren (ca. 1 Eimer) die Köpfe mit etwa 5 cm Stiel daran abschneiden.
Die langen Stiele auf einen Stapel und die Köpfe auf einen anderen legen.
Dann die Teppichrolle mittels Heißkleber zuerst mit den einzelnen Stielen außen bekleben. Am Rand oben entlang mehrere Reihen mit den Köpfen der Ähren bekleben, so dass es schön voluminös aussieht.
Ein breites Band kaschiert die Klebeansätze.

## „Triticum L."

*Der Weizen wird 0,5 bis 1 m hoch, hat kompakte, grünlich schimmernde Ähren, die Körner sind klein und etwas rundlich, sehr gut zur Dekoration, ideal für die oben abgebildeten Getreiderollen, Gestecke, Kränze oder Sträuße*

## „Secale cereale"

*Der Roggen wird bis 0,7 m hoch, hat hell creméfarbene Ähren mit kurzen Grannen, die Grannen sind spitz und können beim Basteln zu Kratzern führen, die Körner lösen sich schlecht, sind aber essbar, zum Binden von Girlanden, Kränzen oder Sträußen sehr gut geeignet*

Bastel-Tipp!

## *„Avena L."*

*Der Hafer ist eine einjährige, krautige Pflanze, er wird bis 1 m hoch, im Gegensatz zu den anderen Getreidearten hat er keine Ähren sondern Rispen, die Fruchtstände sind breit und fedrig, die Körner sind schmal und länglich, die Ähren sind sehr gut zum Binden von Girlanden (siehe Getreidetafel S.66/67) geeignet*

## *„Triticum spelta L."*

*Der Dinkel wird bis zu 2m hoch, der „Vorfahre" des Weizen, aufrecht und fest mit sehr trockener, häutchenartiger Schale, die Körner sind mittelgroß und eher länglich schmal, er bricht leicht, für die Getreiderollen links oben auch gut geeignet, sehr schöner, dunkler Farbton*

**Kosten:** *bis 2,50 €* **Dauer:** *ca. 60 min* **Tipp:** *Im Supermarkt gibt es günstige, kleine Packungen von vielen Sorten!*

# Getreidekugel

## *Material:*

Styroporkugeln, Schale, Weizen- oder Dinkelkörner, wasserfester Holzleim, farblich passende Bänder (rot, kariert, gestreift,...)

## *Anleitung:*

Zuerst bestreichen Sie eine Hälfte der Styroporkugel mit Leim und tauchen diese dann in eine Schale mit Weizen- oder Dinkelkörner. Wenn die erste Hälfte getrocknet ist, bekleben Sie die andere Seite. Damit die Kugel deckend beklebt ist sind etwas 2-3 Schichten übereinander notwendig. Der Holzleim trocknet farblos und ist später nicht mehr zu sehen. Ich verziere die Kugel mit einem rot-weißen Karoband, passend zu meiner restlichen Dekoration.
Sie können auf diese Art natürlich auch andere Formen bekleben, z.B. Kränze oder Kegel.

Praktisch sind die Kugeln in Gläsern dekoriert, da sie dann schnell auf die Seite geräumt sind.

An eine Schranktür oder Kommode gehängt, verbreitet ein bemaltes Holzherz spätsommerliches Flair.

# Getreidetafel

## *Material:*

Getreidekugeln, Äpfel, Getreidehalme und Gräser, Kokos-Seil, Draht, Karoband, Gläser, rote Blockkerzen, Getreidekörner

## *Anleitung:*

Formen Sie aus den Getreidehalmen und den Gräsern kleine Bündel und umwickeln Sie das Ende mit Draht. Dann befestigen Sie die fertigen Bündel mit Draht schuppenförmig auf dem Kokosseil, bis eine schöne Girlande entstanden ist (Länge richtet sich nach Ihrem Tisch). Befestigen Sie an beiden Enden eine Schleife aus Karoband.

Legen Sie nun die Girlande auf den Tisch und dekorieren links und rechts davon die Getreidekugeln. Sie können ihre Deko auch mit echten oder künstlichen Äpfeln oder anderen Früchten ergänzen.

Ich habe mir rote Stoffäpfel genäht, welche ganz toll dazu passen.

Für die Getreide-Lichter füllen Sie Getreidekörner in Gläser und setzen die roten Blockkerzen hinein. Sie können allerdings auch auf die Idee der Getreiderollen von S.62 zurückgreifen und diese mit einem Windlichtglas und einer Kerze bestücken.

Für die Serviettenringe nehmen Sie ein Kunststoffrohr und sägen es in 4cm breite Stücke und bekleben diese mit Stoff.

Ich habe meine Serviettenringe zusätzlich mit Fliegenpilzen aus Salzteig verschönert.

Das Rezept für Salzteig finden Sie auf S.50.

Bei wenig Platz sind auch Getreidekugeln in unterschiedlichen Größen ein schöner Tischschmuck.

**Kosten:** *bis 10 €* **Dauer:** *ca. 45 min* **Tipp:** *Statt des Getreide können sie auch Ziergräser verwenden!*

**Kosten:** *bis 6 €* **Dauer:** *ca. 20 min* **Tipp:** *Die Apfellichter sind ein tolles Geschenk oder Mitbringsel!*

# Apfel-Lichter

## *Material:*

Künstliche Äpfel, Reisig, Moos, Glas-Teelichthalter, verschiedene Bänder, Klebestick, Heißklebepistole, Schere, Teelichter

## *Anleitung:*

Die Glas-Teelichthalter mit dem Klebestick bestreichen und mit einem Band umkleben. Danach mit Heißkleber oben mittig auf den künstlichen Apfel kleben und trocknen lassen. Den Übergang mit Moos oder Reisig kaschieren.
Für die Adventsvariante von S.124 bohren Sie mit einem dünnen Holzbohrer oben ein Loch (ca. 4 cm tief) in den Apfel.
Dann bohren Sie mittig in einen Holzstern (Schablone S.164) ebenso ein Loch und bekleben den restlichen Stern mit Stiftperlen (mittels wasserfestem Holzleim). Stecken Sie durch den Holzstern einen Steck-Teelichthalter und kleben diesen mit Heißkleber in das Loch im Apfel. Nachdem alles getrocknet ist, kaschieren Sie den Übergang mit künstlichem Grün.

Ein kleines Körbchen wird am Rand mit Weizenähren beklebt und mit Bändern spätsommerlich dekoriert.

Die Sommer-Apfellichter zaubern durch ihre kräftige Farbe eine wundervolle sommerliche Stimmung.

Der Dach-Hauswurz ist eine von vielen Hauswurz-Arten und zeichnet sich durch schöne, hellgrüne Rosetten aus.
Sie sind immergrün sind und sich mit kälter werdender Temperatur leicht rötlich verfärben. Jede Rosette blüht nur ein einziges Mal von Juni bis Juli in rosé. Sie wird bis 40 cm hoch. Danach stirbt sie ab. Vorher bildet sie allerdings etliche kleine Tochterrosetten.
Die Hauswurz-Arten bilden Polster und sind gut geeignet für Steingärten oder karge Böden. Sie lieben die volle Sonne und benötigen nicht viel Erde um zu wachsen, daher sind sie auch zur Dachbegrünung und Schalenbepflanzung bestens geeignet.

Blüte **06-07**

# *Sempervivum tectorum*
# Dach-Hauswurz

*Sommergirlande*

Falten Sie den Stoffrest rechts auf rechts und legen Sie die Schablone von S.163 direkt an den Stofffalz. Dann schneiden Sie - den Stoff immer noch im gefalteten Zustand- das Dreieck mit der Zickzack-Schere aus. Die beiden Dreiecke sind nun in der Mitte durch den Falz verbunden.
Wenn Sie alle Dreiecke fertig haben, legen Sie eine Paketschnur auf dem Boden (Länge nach Wunsch) aus und legen die doppelten Dreiecke über die Schnur, so dass die Schnur im Falz liegt.
Richten Sie alle Dreiecke nach Farbe und Abstand aus und dann erst kleben Sie die Stoffdreiecke aufeinander fest (die Schnur sollte im Falz verlaufen).
Beim Aufhängen die beiden Enden gut befestigen, damit die Girlande nicht wegfliegen kann.

# Sommerzeit - die Zeit der Muse und Entspannung

In der Sommerzeit freue ich mich am meisten auf lange, laue Abende im Freien. Ein Nickerchen in der Hängematte oder den Blick in den strahlend blauen Himmel gerichtet macht jeden Sommertag ganz entspannt zu einem Erlebnis.
Wenn es einmal zu heiß ist, verziehe ich mich mit einem schönen Buch in den Schatten oder sehe dem geschäftigen Treiben der Schmetterlinge, Bienen und Wespen zu. Hier wachsen Funkien und Purpurglöckchen und sorgen mit ihrem kontrastreichen Laub für Spannung.
Die Blüten der Funkien eignen sich auch sehr gut für die Vase.
Gerne laden wir im Sommer auch Freunde ein und da wird der Tisch natürlich in fröhlichen Sommerfarben dekoriert. Die farbenfrohe Sommergirlande (s.o.) ist schnell selbstgemacht.
Die Apfellichter von S.69 sorgen für frische Farbtupfer und spenden stimmungsvolles Licht zu später Stunde. Die Limonen und die Erdbeeren (S.50) ergeben eine sommerliche Kombination und halten sich auch länger als nur ein Tag. Die Taglilie blüht ab Juli unermüdlich und sorgt bis Ende August für sommerliches Ambiente ob im Beet oder Topf.
Meine Buchsbaum-Kugeln schneide ich 2-3 mal im Jahr, aber nicht mehr nach Ende Juli, da ich hier schlecht Erfahrung mit dem Ausreifen der jungen Triebe vor dem Winter gemacht habe.

*Die Taglilie ist in vielen Farben erhältlich. Leider blüht jede einzelne Blüte nur einen Tag, daher auch ihr Name.*

# 09-11

## *September-November*

# Herbstzeit

# Laubkranz

## *Material:*

1 Drahtring ca. 30 cm Durchmesser, ca. 3 Eimer Ahornblätter, Band zum Aufhängen, Kabelbinder

## *Anleitung:*

Knipsen Sie bei dem Drahtring die zusammen geschweißte Stelle auf, um hier die Blätter aufzufädeln.
Entfernen Sie vor dem Auffädeln die Stiele der Ahornblätter mit einer Schere. Stecken Sie dann die Blätter nacheinander auf den Drahtring, bis so viele Blätter auf dem Ring sind, dass nichts mehr verrutschen kann. Verbinden Sie den Drahtring wieder mit einem Kabelbinder. Über diese Stelle führen Sie das Band zum Aufhängen in gewünschter Farbe und Länge.
Ich dekoriere den Laubkranz auch gerne einmal liegend. Durch vorsichtige Behandlung habe ich ihn nun seit über drei Jahren im Einsatz.

Dicht an dicht trocknen die Blätter im Kranz schön und behalten oft ihre Farbigkeit.

Zierkohl ist sehr resistent gegen Kälte (bis -10 °C) und verfärbt sich immer stärker je kälter es wird.

**Kosten:** *bis 3 €* **Dauer:** *ca. 30 min* **Tipp:** *Fädeln Sie die Blätter im frischen Zustand dicht an dicht auf!*

# Prächtige Kürbisvielfalt

Bei Kürbissen unterscheidet man zwischen Sommerkürbissen (z.B. Zucchini, Rondini, Eichelkürbisse,…) und Winterkürbissen. Kürbisse benötigen in der Wachstumsphase sehr viel Platz (min. 1 qm), Nährstoffe und Wasser. Die Pflanzen sollten nur im jungen Stadium gedüngt werden, damit sie ihren Geschmack nicht verlieren. Da sie sehr flach wurzeln, sollten Sie das Beet nicht hacken sondern mulchen (Rinde oder Rasenschnitt), damit die Feuchtigkeit im Boden bleibt. Der Kürbis kann aufgrund seiner Lagerfähigkeit (bis 12° C, nebeneinander auf Papier) bis in den Winter hinein gegessen werden.

Bei mir verschönert er im Herbst Haus und Garten und lässt sich herrlich mit Hagebutten, Laternen und Laubkränzen dekorieren.

Weitere schöne und leckere Sorten (nicht abgebildet):

*„Jack be little" Zierkürbis, bis 300 g Frucht essbar, gelborange, schwach rankend*

*„Crown Prince" Zierkürbis, bis 4 kg Frucht, essbar, blaugrau, wüchsige Sorte, nussartiger Geschmack*

*„Baby Boo" Zierkürbis, bis 200 g Frucht, essbar, weiß, kleinste essbare Sorte, mittelstark rankend*

*„Butternut" Moschuskürbis, bis 2 kg Frucht, essbar, cremefarbene, birnenförmige, ertragreiche Sorte*

## „Muscade de Provence"

*Speisekürbis, bis 20 kg, stark gerippt, unreif grün und ausgereift bräunlich, sehr stark rankend*

## „Hokkaido"

*Speisekürbis aus Japan, auch Zwiebelkürbis genannt, 1-2 kg Frucht, rot-orange, Maroni-Geschmack, sehr ertragreich*

## „Baby Bear"

*Zierkürbis, bis 2 kg Frucht, essbar, orange, wüchsige Sorte, mittelstark rankend, beliebter Halloween-Kürbis*

## „Cinderella"

*Zierkürbis, 2-4 kg Frucht, essbar, hellorange, robuste, wüchsige Sorte*

## „Table Queen"

*Eichelkürbis, bis 0,5-1 kg, gerippt und spitz zulaufend, essbar, grün, buschig wachsend, nussartiger Geschmack*

*Die Schönfrucht, auch Liebesperlenstrauch genannt, wird bis 1,50 m hoch und wächst straff aufrecht. Die kleinen, unscheinbaren Blüten erscheinen im Juli und August in einem hellen lilarosa und ziehen Hummeln und Bienen magisch an.*
*Bis Mitte September reifen die dunkellila glänzenden, giftigen Beeren heran und bleiben bis in den Dezember hinein am Strauch, welcher sein Laub beim ersten Frost verliert.*
*Die Schönfrucht hat bei mir einen geschützten Standort erhalten, so kann sie über lange Jahre hinweg strahlen.*
*Sie benötigt in jungen Jahren Frostschutz in Form von Laub und Reisig, aber keinen Schnitt. Sie ist sehr dekorativ und eignet sich auch gut für die Vase.*

Früchte 09-12

# *Callicarpa bod. giraldii*
# Schönfrucht

„Profusion"

# Walnusskranz

## *Material:*

1 Strohkranz ca. 30 cm Durchmesser, ca. 80 Walnüsse, Strohnadeln, Laubreste, Heißklebepistole

## *Anleitung:*

Halbieren Sie die Walnüsse vorsichtig mit dem Nussknacker.
Entfernen Sie das Innere (einfach nebenher knabbern) und kleben Sie nun von innen nach außen Walnussreihen auf den Strohkranz.
Die Lücken füllen Sie mit den Laubresten, indem Sie kleine Stücke mit den Strohnadeln feststecken.
Wenn der Kranz ganz fertig ist, können Sie ihn natura lassen oder Sie stecken Dekobeeren in regelmäßigen Abständen zwischen die Nussreihen. Das Ganze noch mit einem hübschen Band dekorieren oder ein Band zum Aufhängen befestigen, wenn Sie den Kranz aufhängen möchten. Suchen Sie sich zu ihrer sonstigen Deko farblich passende Bänder aus. Ich lege oder hänge den Kranz gerne auf einen dunklen Untergrund, denn hier kommen die Nüsse so richtig schön zur Geltung.

Auch liegend macht sich der Walnusskranz sehr gut als Dekorationsfläche zur herbstlichen Jahreszeit.

Farblich abgestimmte Bänder und Kordeln lassen sich jedes Jahr neu arrangieren, je nach Dekoration.

**Kosten:** *bis 6 €* **Dauer:** *ca. 60 min* **Tipp:** *Der Kranz wird sehr schwer und braucht einen stabilen Aufhänger!*

**Kosten:** *bis 10 €* **Dauer:** *ca. 120 min* *Der Aufwand lohnt sich - bleibt über Jahre sehr schön und dekorativ!*

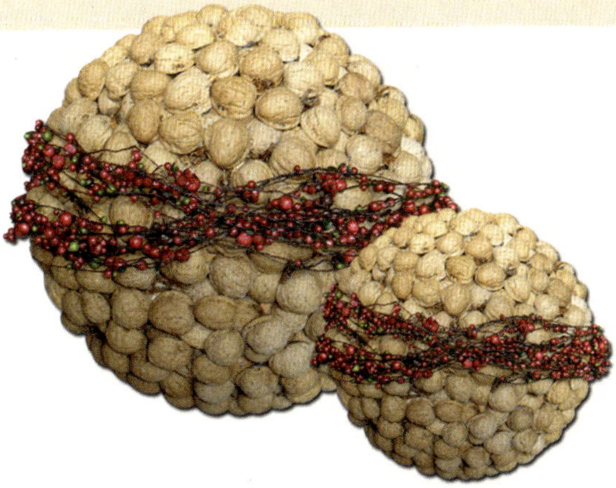

# Walnusskugel

## *Material:*

1 Styroporkugel 40 cm (halbierbar), hellbraune Dispersionsfarbe, halbierte Walnüsse, Heißkleber, Band oder Beerenzweig

## *Anleitung:*

Bemalen Sie die Styroporkugelhälften mit der Dispersionsfarbe und lassen Sie diese gut trocknen. Ich habe die Erfahrung gemacht, dass der Heißkleber das Styropor durch diese Farbschicht nicht auflöst. Dann erst die zwei Hälften zusammensetzen und mit der ersten Schicht Walnusshälften bekleben und darüber noch einmal eine Schicht, so dass alle Lücken so gut wie geschlossen sind. Kleine Lücken mit Walnusslaub füllen.
Ich binde um die Kugel ein farblich passendes Band oder dekoriere sie mit einem Beerenzweig. Schön herbstlich sieht die Walnusskugel auch mit Kürbissen und Efeu dekoriert aus.

Kerzenlicht ist eigentlich ein Muss im Herbst; es sorgt für sanftes Licht und erzeugt eine schöne Stimmung.

Die Walnusskugel kann auch im Freien für Herbst sorgen, allerdings sollte sie nicht zu feucht werden.

*1 „Campanula"*
*Glockenblume, bis 100 cm hoch, blüht von Juni bis zum ersten Frost, sät sich gerne selbst aus, viele Sorten erhältlich (niedrig und hoch), in blauviolett, weiß oder rosa (tolle Sorte: Campanula punctata "Rubriflora"), pflegeleicht*

*2 „Chrysanthenum"*
*Chrysantheme, bis 90 cm hoch, verschiedene Sorten und Blütenfarben erhältlich, gute Schnittblume, blüht von September bis Ende Oktober, über den Winter mit etwas Laub abdecken*

*3 „Dahlia"*
*Gezeigte Sorte: Pompon-Dahlie "Franz Kafka" bis 120 cm hoch, verschiedene Sorten und Blütenfarben erhältlich, gute Schnittblume, leider nicht winterhart (Knollen in der Garage oder im Keller überwintern), blüht von Juli bis zum Frostbeginn im Oktober*

*w4 „Aster pringlei"*
*Gezeigte Sorte: Myrtenaster "Pink Star" bis 120 cm hoch, hellrosa Sorte, gute Schnittblume, sollte im Beet gestützt werden, blüht von September bis Oktober, sollte nach dem Verblühen bodennah geschnitten werden, damit keine Krankheiten entstehen können, über den Winter mit etwas Laub abdecken*

*5 „Sedum Telephium"*
*Gezeigte Sorte: Hohe Fetthenne „Matrona" bis 50 cm hoch, Blütensorte in rosa mit dunklem Laub, gute Schnittblume, blüht von August bis September, Blüten eignen sich auch sehr gut für Trockengestecke, gering giftig*

1

2

## Deko-Tipp!

Die ersten Frostnächte stehen bevor und Sie möchten sich noch ein bisschen Herbstflair ins Haus holen?
Dann kleiden Sie einen Korb mit Alu-Folie aus, legen gut gewässerten Frischblumen-Steckschaum hinein und dekorieren dann nach und nach ihre letzten Herbstblüher hinein. Zwischendrin vielleicht ein paar nicht ganz ausgereifte Kürbisse und Amethystbeeren (S.89). So ein Körbchen macht sich auch als Mitbringsel zu einem herbstlichen Besuch sehr schön.

# Romantische Herbstblüher

*Die Amethystbeere kannte ich bis vor kurzem nur in ihrer Stammform (weiße Schneebeere). Sie wird bis 1,80 m hoch und ist gering giftig. Der Strauch blüht von Juni bis Juli in gelb-weiß und bildet ab September kleine Beeren in weiß, rötlich oder rosaweiß aus.*
*Die Beeren halten sich sehr lange und sind sehr dekorativ. Ich verwende sie gerne für herbstliche Sträuße oder Gestecke. Mit der Amethystbeere holen Sie sich Farbe ins Herbstbeet.*
*Ich schneide sie Anfang März kräftig zurück, so dass sie im Herbst wieder viele Beeren trägt.*

*Früchte* 09-12

# *Symphoricarpos doorenbosii*
# Amethystbeere

„Mother of Pearl"

# „Juglans"

*Der Echte Walnussbaum wird bis 25m hoch und blüht im April. Gesammelt werden können Walnüsse, sobald sie auf den Boden fallen und die grüne Hülle geplatzt ist. Auf keinen Fall sollten sie Walnüsse mit ungeplatzter Hülle öffnen und essen. Walnüsse sollten an einem trockenen, luftigen Ort mindestens 6 Wochen getrocknet werden, damit sie über lange Zeit haltbar sind und nicht schimmeln.*

# „Quercus"

*Die Eiche wird bis 44 m hoch und blüht von Mai bis Juli. Aus den Fruchtansätzen entstehen Eicheln, welche sich im Oktober aus Ihrer Fruchtschale lösen, auf den Boden fallen und gesammelt werden können. Jedoch sollten nur Eicheln gesammelt werden, welche keine „Bewohner", wie z.B. Würmer haben (kleine Löcher oder Flecken verraten diese).*
*Eicheln lassen sich nur bemalen oder bekleben, wenn sie min. 14 Tage getrocknet sind.*

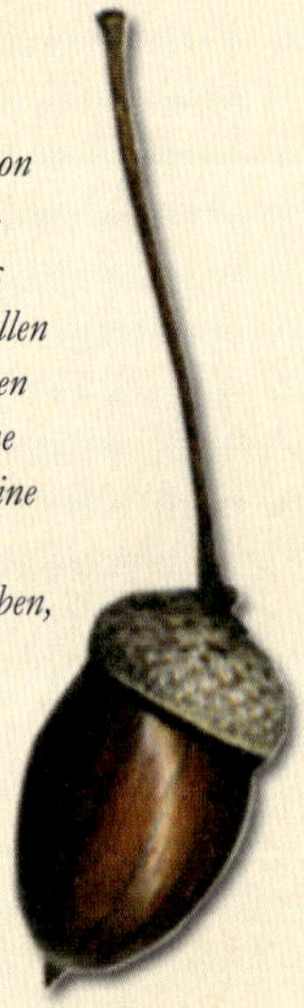

## Bastel-Tipp!

Ein Kranz aus Rinde ist schnell gemacht und dient mir als Grundlage für viele Dekorationen.
Ich bemale einen Styroporkranz mit brauner Dispersionsfarbe und lasse diese gut trocknen. Damit der Kleber hält und auch die Rindenstücke am Kranz nicht mehr eintrocknen, sollte die Rinde gut zwei Wochen getrocknet sein, damit der Kleber hält .
Dann beklebe ich den Kranz mit den Rindenstücken, bis keine Lücken mehr sichtbar sind. Liegend auf einer Schale dient er Kürbissen oder auch einem Windlicht als schöner, herbstlicher Rahmen. Als Wand- oder Türschmuck sieht er ebenso sehr dekorativ aus.

## „Corylus"

Die Haselnuss bleibt eher klein mit bis zu 6 m. Sie blüht sehr früh von Februar bis März (Kätzchenblüte bei männlicher Blüte) und kann ab September gesammelt werden, nachdem die Früchte sich selbst aus dem Fruchtansatz lösen und auf den Boden fallen. Auch hier sollte auf Wurmbefall geachtet werden!

## „Fagus"

Die Rotbuche wird bis zu 45 m hoch und blüht von April bis Mai. Danach bildet sie Fruchtansätze aus, aus denen Bucheckern entstehen, welche ab September gesammelt werden können. Die Bucheckern selbst befinden sich in den dekorativen Hüllen und sind - durch kurzes Andünsten ohne Fett - frei von Giftstoffen essbar.

## „Castanae"

Der Kastanienbaum wird bis zu 30 m hoch und blüht von Juni bis Juli. Aus den Fruchtansätzen bilden sich Kastanien, welche von einer grünen, stacheligen Hülle umgeben sind, bei Reife aufplatzen und auf den Boden fallen.
Die Erntezeit der Kastanien ist von September bis Oktober. Auch sie sollten nur im getrockneten Zustand weiterverarbeitet werden, da sonst die Farbe oder der Kleber nicht halten.

# Stimmungsvolle Herbstfrüchte

# Eichelherzen

## *Material:*

ca. 40 Eicheln, Herzvorlage (S.164), Heißklebepistole

## *Anleitung:*

Bevor Sie die Eicheln verarbeiten können, sollten diese mindestens zwei Wochen trocknen. Erst dann ist die Feuchtigkeit soweit entzogen, dass auch der Kleber hält. Damit die Eicheln ihr eigentliches Aussehen nicht verlieren, sollten Sie die Hütchen dazu sammeln und diese nach dem Trocknen der Eicheln ankleben.

Das ist eine etwas mühsame Arbeit, die sich aber auf jeden Fall lohnt! Legen Sie die fertigen Eicheln auf der kopierten Herzvorlage aus, bis es schön aussieht und gut zusammenpasst.

Dann kleben Sie mit dem Heißkleber eine Eichel nach der anderen aneinander. Orientieren Sie sich immer wieder an der Herzform, damit es am Ende auch wie ein Herz aussieht. Für ein herbstliches Mitbringsel mache ich ein farblich passendes Band zwischen den beiden Herzbögen fest, damit es auch aufgehängt werden kann. Größere Herzen sollten durchbohrt und auf Draht aufgefädelt werden.

Farblich passende Teelichthalter spenden schönes Licht in den Abendstunden und runden das Ganze ab.

Eicheln mit Deko-Laub aus Eisen auf Satinbänder aufziehen und über den Tisch legen. Schön herbstlich!

**Kosten:** *bis 2,50 €* **Dauer:** *ca. 20 min* **Tipp:** *Eicheln vorher unbedingt trocknen, sonst halten sie nicht!*

Kürbisse in jeder Form sind vielseitig und passen farblich sehr schön zu dieser Dekoration.

**Kosten:** *bis 5 €* **Dauer:** *ca. 30 min* **Tipp:** *Stöbern Sie auf Flohmärkten und Sie finden bestimmt eine geeignete Figur!*

# Jägertafel

## Material:

Balkonkastenuntersetzer in gewünschter Länge, Moos, Kiefernrinde, Eicheln, Kastanien, verschiedene Zapfen und Bucheckern, künstliche Pilze (Bastelbedarf), Hirschfigur oder andere Figur, Eichenblätter, Heißklebepistole

## Anleitung:

Kleben Sie die Rinde oben herum auf den Balkonkastenuntersetzer, so dass oben etwa ein Drittel der Fläche bedeckt ist.
Ich habe eine geerbte Hirschfigur in die Mitte gestellt. Die Deko sieht auch mit Kürbissen statt der Figur sehr schön aus.
Die offenen Flächen um die Figur lege ich mit Moos aus. Dann verteile ich die Pilze auf der Rinde und befestige sie mit Heißkleber.
Die gefundenen Schätze aus dem Wald verteile ich auf der Tafel. Schön sieht auch der Rindenkranz von S.90 mit farblich passenden Teelichtgläsern dazu aus.
Die rostfarbenen Pokale werden immer wieder umdekoriert und erhalten durch die kleinen Kürbisse ein dekoratives, herbstliches Aussehen. Filzlaub zum Hängen gibt es jetzt günstig zu kaufen. Es läßt sich z.B. zum Verzieren von Griffen oder Haken verwenden.

Die Besenheide ist ein niedriger, immergrüner Zwergstrauch und prägt hauptsächlich Heidelandschaften. Sie ist frostfest und wird kaum höher als 50 cm und daher pflanze ich sie gerne in Töpfe und Balkonkästen.
Allerdings benötigt sie saure Erde, um auch wachsen und gedeihen zu können.
Sie sorgt bis ins Frühjahr hinein für etwas Farbe und sollte aber (in Töpfen) auch an frostfreien, sonnigen Tagen gegossen werden, damit sie nicht vertrocknet.
Ihre Zweige eignen sich sehr gut, um Kränze oder Herzen zu binden. Regelmäßig mit Wasser besprüht halten sie sich bis zu drei Wochen. Mittlerweile gibt es auch gefüllt blühenden Sorten, welche für meinen Herbstgarten fast unentbehrlich geworden sind.

Verkauf 09-11

# *Calluna vulgaris*
# Besenheide

„County Wicklow"

# Dekorative Hagebutten

Hagebutten sind mitunter der schönste Fruchtschmuck im Herbst und zur Dekoration in Haus und Garten hervorragend geeignet.
Die gezeigten Sorten sind gut zur Dekoration und zum Binden von Kränzen oder Girlanden einzusetzen.
Sie trocknen auch gut ein und bleiben so sehr lange ein dekorativer, herbstlicher Schmuck.
Eine tolle Bastel-Idee:
Schneiden Sie sich die Zweige der Hagebutten, die kaum noch Früchte tragen und nehmen diese ab.
Dann kleben Sie einzelne Salzteighagebutten (S.100) mit Heißkleber an die Zweige und fertig ist eine sehr lange haltbare Herbst-Deko für Innenräume.
Die Zweige lassen sich in Vasen oder mit Kürbissen herbstlich auf dem Fenstersims dekorieren.

## „Rosa pomifera"

*Auch „Apfelrose", Laub duftet leicht nach Harz, hellrosa, große Blütenbüschel (meist 1-3 Blüten), Früchte sind dunkelrot und rundlich, bis 2,5 cm groß, bis 2 m hoher Strauch*

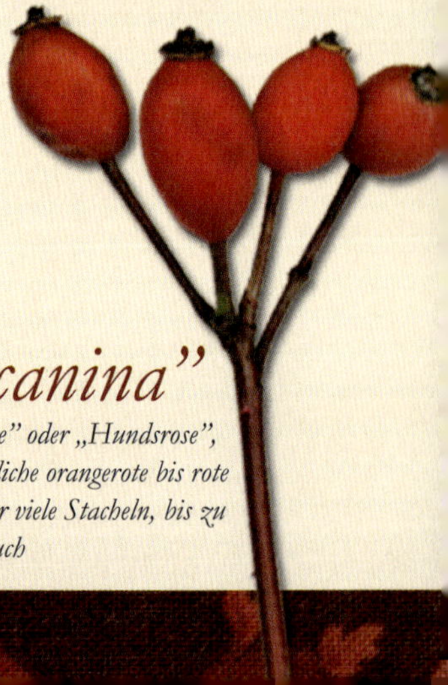

## „Rosa canina"

*Auch „Wildrose" oder „Hundsrose", rosa Blüte, längliche orangerote bis rote Hagebutten, sehr viele Stacheln, bis zu 5 m hoher Strauch*

Bastel-
Tipp!

## „Rosa rubigniosa"

*Auch „Schottische Zaunrose", Laub duftet leicht nach Apfel, karminrosa Blüte von Juni bis August, Früchte ab September, rot und rundlich, sehr viele Stacheln, bis 3m hoher Strauch*

## „Rosa multiflora"

*Auch „Vielblütige Rose", kleine weiße Blütenbüschel, erbsengroße rote Früchte in großen Trauben, bis 3 m hoher Strauch*

# Salzteighagebutten

## Material:

Acryllack (aus Bastelbedarf) in den Farben: rot, dunkelrot, hellbraun und schwarz, verschiedene feine Haarpinsel, Wasser

## Salzteig (reicht für ca. 100 Hagebutten):

250 g Mehl, 250 g feinkörniges Salz, 120 ml lauwarmes Wasser, Geschirrtuch, Zahnstocher, Backpapier, Backblech

## Anleitung:

Mischen Sie Mehl und Salz in einer Schüssel und kneten Sie das lauwarme Wasser langsam mit unter. Wenn der Salzteig eine feste, geschmeidige Konsistenz hat, formen Sie ihn zu einer Kugel und decken ihn für 30 min zu, so wird er geschmeidiger und ist besser zu verarbeiten. Ist der Salzteig fertig, formen Sie unterschiedlich große Kugeln und verformen diese wie eine Hagebutte (eine Echte dient als Vorlage).
Dann formen Sie ein kleines Kügelchen, setzen es auf ein Ende der Hagebutte - die Kontaktstelle vorher ein kleines bisschen feucht machen, damit es besser hält - und drücken mit der Spitze des Zahnstochers das Kügelchen rundherum fest.
Stechen Sie am Schluss in das untere Ende der Hagebutte ein Loch hinein, damit Sie die Hagebutte zum Bemalen auf einen Zahnstocher stecken können.
Nun müssen die Hagebutten bei 150° (vorgeheizter Backofen) ca. 35 min aushärten.
Nach dem Abkühlen können Sie Ihre Hagebutten bemalen.
Ich bemale zuerst die Hagebutten mit den Rottönen und danach den Fruchtansatz mit hellbraunem und schwarzem Lack.

Der Kranz kann auch gelegt werden und ist hier farbenfroher Rahmen für ein Glas-Windlicht.

Echt oder unecht? Die Salzteighagebutten sind von echten Hagebutten kaum zu unterscheiden.

*Der Herbstkrokus, auch Prachtkrokus, zeigt sich - entgegen dem Gartenkrokus - erst im September und Oktober und sorgt für dezente Farbtupfer im herbstlichen Garten.*
*Bis in den November blüht er unermüdlich, bis der Frost anhält. Er sät sich selbst aus, entwickelt sein Laub erst im Frühjahr und zieht dann komplett ein bis zur Blüte im Herbst. Der Herbstkrokus ist giftig und daher für Familien mit kleinen Kindern tabu!*

Blüte 09-11

# *Crocus speciosus*

# Herbstkrokus

**Kosten:** *bis 5 €* **Dauer:** *ca. 45 min* **Tipp:** *Die Kastanien unbedingt vorher trocknen, sonst hält der Heißkleber nicht!*

# Kastanienkranz

## *Material:*

1 Styroporring 30 cm, braune Dispersionsfarbe, Pinsel, ca. 120 Kastanien, Laubreste, Krampen, Dekomaterial (je nach Bedarf), starkes Band (Kranz wird sehr schwer) zum Aufhängen

## *Anleitung:*

Bemalen Sie den Styroporring mit der braunen Dispersionsfarbe und lassen ihn gut trocknen. Kleben Sie dann die Kastanien vom inneren Ring nach außen auf den Kranz. Beachten Sie hierbei, dass die Kastanien vollständig getrocknet sind und viel Heißkleber verwendet wird, da sie sonst wieder abfallen können.
Ist der Kranz vollständig bedeckt mit Kastanien, kleben Sie einzelne Kastanien in die Lücken. Da der Kranz sehr schwer wird benutze ich ihn hauptsächlich liegend. Mit einem drahtverstärkten Band hält er auch hängend ganz gut.
Sie können den Kastanienkranz auch mit Perlen, Beeren oder ähnlichem verzieren. In Papier eingepackt hält er bei mir nun schon seit zwei Jahren und sieht immer noch schön aus.

Kastanien in Windlichter füllen, passende Kerzen dazu und Fuß mit grüner Kordel umwickeln.

Der Kastanienkranz kann auch als Rahmen für viele Dekorationen dienen, hier z.B. für einen Kürbis.

# Herbsttafel

## *Material:*

Styroporkugel 15 cm (halbierbar), braune Dispersionsfarbe, Kastanien, Moos, grüne Kordel, Steckmoos, Kerze, Heißklebepistole, grüne Blockkerzen

## *Anleitung:*

Halbieren Sie die Styroporkugel und bemalen Sie beide Teile mit brauner Dispersionsfarbe. Gut trocknen lassen. Bekleben Sie dann die Styroporkugel mit Kastanien (oben auch über den Rand). Füllen Sie die Halbkugeln mit Steckmoos und bedecken es mit frischem Moos. Setzen Sie die Kerzen oben drauf und verzieren Sie das Ganze je nach Wunsch mit Perlen oder einer Kordel.

Für die Mooskugeln grundieren Sie Styroporkugeln mit brauner oder grüner Dispersionsfarbe und umwickeln sie mit grüne Pflanzdraht und Moos. Passend mit einer Schleife oder Kordel verzieren. Die Mooskugeln sehen mit kleinen Kürbissen oder einzelnen Kastanien oder auch in Kelchen drapiert sehr ansprechend aus. Besprühen Sie das Moos ab und zu mit Wasser, damit es länger grün bleibt. Schön sehen auch zwei Glas-Windlichter mit jeweils einer Handvoll Kastanien und einer grünen Kerze aus.

Gusseiserne Einfassungen für Gartenbeete finden bei mir ein Plätzchen im Haus, da Sie hier als Solist toll aussehen und mit ihrem Farbton sehr schön zu den Kastanien und dem Moosgrün passen.

Wenn Sie Gäste bekommen, ist auch eine individuelle Dekoration der Teller oder des Bestecks schön.

**Kosten:** *bis 4 €* **Dauer:** *ca. 30 min* **Tipp:** *Grüner Samt als Tischläufer schafft ein royales Ambiente!*

*Kastanienherz*

Nehmen Sie ca. 30 getrocknete Kastanien und durchbohren sie mit einem kleinen Bohrer. Formen Sie aus einem sehr starken Draht (Kastanien sind sehr schwer) eine Herzform, bei der die Drahtenden nach unten zeigen. Fädeln Sie dann die durchbohrten Kastanien auf und verschließen sie das Herz unten, indem Sie die Drahtenden miteinander verdrillen.
Zum Aufhängen binden Sie noch ein stabiles Band daran.

# Herbstzeit - die Zeit der Früchte und der Ernte

Der Herbst ist eine Jahreszeit, welche mich mit zarten Farben, buntem Laub, Beeren und Früchten nach draußen lockt, um meine Vorräte zu sammeln. Das Laub rechen, Reisig sammeln, Holz schichten und die Beete mit Reisig winterfest machen gehören zu den jährlichen, etwas arbeitsintensiven Pflichten. Aber wenn dann der erste Frost einen zarten Hauch über die Pflanzen und Figuren im Garten legt, taucht er den Herbstgarten in ein melancholisches Ambiente.
Die Chrysantheme ist eine klassische Herbstpflanze und ich stelle sie gerne in Körbe, welche mit Moos ausgelegt sind und mit kleinen, unausgereiften Kürbissen herbstlich dekoriert werden.
Ein romantischer Begleiter in den Herbstbeeten ist die Herbstzeitlose. Leider ist sie hochgiftig und sollte daher bei Familien mit kleinen Kindern nicht angepflanzt werden.
Die Besenheide ist eine günstige und ebenso sehr vielseitige Herbstpflanze. Aus ihr lassen sich tolle Dekorationen zaubern. In Herzform ziert sie meine Rankhilfen und Rosenstäbe.
Die Myrtenaster (S.87) im Hintergrund ist sehr pflegeleicht und nicht so anfällig für Mehltau wie andere Sorten. Trotzdem schneide ich Sie nach der Blüte zurück, um Krankeitsherde zu vermeiden.

*Die Herbstzeitlose „Lilac Wonder" blüht in lilarosa und ist leider hochgiftig!*

Frohes
Fest

# 12 *Dezember* Adventszeit

## Bastel-Tipp!

Mit Nelken gespickte Orangen, Girlanden aus getrockneten Orangenscheiben,Sternaniskugeln oder -kränze, Nelkenkugeln, Zimtpäckchen und vieles mehr lassen das ganze Haus duften und erinnern an Weihnachten.
Dekorationen aus Sternanis sind leicht selbst gemacht: Grundieren Sie z.B. eine Styroporkugel mit brauner Dispersionsfarbe und nach dem Trocknen kleben Sie mit Heißkleber den Sternanis in zwei Schichten auf die Form. Natürlich können Sie hier auch andere Formen verwenden. Auch die anderen Gewürze (Bezugsquelle S.168) lassen sich sehr gut zu Adventsschmuck verarbeiten, z.B. in Form von Kränzen, Kugeln oder Kegeln.

## „Syzygium aromaticum“

*Gewürznelke, schwarzbraun, starker Duft, lässt sich sehr gut zu Deko-Zwecken verwenden, das Köpfchen sollte allerdings vorher heraus gebrochen werden, da es sonst leicht bröselt*

## „Illicium verum“

*Echter Sternanis, sternförmig, dunkelbraun, starker Duft, lässt sich sehr gut zu Deko-Zwecken verwenden, allerdings zerbricht er sehr leicht*

## „Punica granatum“

*Blassrosa bis dunkelrot, Inneres ist essbar und reich an Kalium, Vitamin C, Kalzium und Eisen, passt in der Weihnachtszeit hervorragend zur Dekoration, Fruchtsaft färbt sehr stark ab!*

# Zauberhafter Weihnachtsduft

## „Citrus sinensis“

*Apfelsine, orange, getrocknete Orangenscheiben duften herrlich und halten sehr lange und können jedes Jahr mit Orangenöl beträufelt wieder eingesetzt werden. Sie lassen sich leicht selbst herstellen: Orange in ca. 0,5 cm dicke Scheiben schneiden und im Backofen (Backblech mit Backpapier auslegen) bei 130° ca. 60 min trocknen lassen und dabei ab und zu wenden*

## „Cinnamomum“

*Zimt, edles nougatbraun, in unterschiedlichen Längen erhältlich, angenehmer Duft, lässt sich sehr gut zu Deko-Zwecken verwenden, am besten schneiden Sie die Zimtstangen mit einer Gartenschere auf die gewünschte Länge zu*

# Zimtsterne

## *Material:*

Acryllack (aus Bastelbedarf) in hellbraun und elfenbein, ver-schiedene feine Haarpinsel, Wasser

## *Salzteig (für ca. 40 Zimtsterne):*

250 g Mehl, 250 g feinkörniges Salz, 120 ml lauwarmes Wasser, Backpapier, Backblech, Nudelholz

## *Anleitung:*

Mischen Sie das Mehl und das Salz in einer Schüssel und kneten Sie das Wasser langsam mit unter. Wenn der Salzteig eine feste, geschmeidige Konsistenz hat, formen Sie ihn zu einer Kugel und decken ihn für 30 min zu, so wird er geschmeidiger und besser zu verarbeiten. Den fertigen Salzteig mit dem Nudelholz ausrollen und die Zimtsterne mit einer Ausstechform ausstechen.
Lassen Sie die Zimtsterne auf einem Backblech (mit Backpapier) bei 150° (vorgeheizter Backofen) ca. 35 min aushärten.
Nach dem Abkühlen können Sie die Zimtsterne mit braunem und cremefarbenen Lack bemalen.
Achtung, die Zimtsterne sind nicht zum Verzehr geeignet!

In ein großes Windlicht verschiedene Gewürze und Zimtstangen füllen und dazu ein paar Zimtsterne.

Kunststofftöpfe werden mit Zimtstangen beklebt und mit einer schönen Satinschleife verziert.

Mit einem weißen, wasserfesten Stift lassen sich Zimtstangen zu Namenskärtchen machen.

**Kosten:** *bis 18 €* **Dauer:** *ca. 40 min* **Tipp:** *Eine Bezugsadresse für die Gewürze finden Sie auf S.168.*

# Adventstafel

## *Material:*

Strohkranz 50 cm, 1 kg Zimtstangen, 350 g Gewürznelken, 250 g Sternanis, wasserfester Holzleim, Pinsel, Salzteig-Zimtsterne, cremefarbene Blockkerzen, cremefarbene Satinband, Heißkleber, Draht, Seitenschneider, Feuerzeug

## *Anleitung:*

Nehmen Sie die Zimtstangen und kleben Sie diese mit Heißkleber hochkant auf die Außen- und Innenseite des Strohkranzes. Bestreichen Sie den oberen Teil des Strohkranzes mit Holzleim und streuen Sie großzügig Nelken darauf.
Diese Prozedur 2-3x wiederholen, bis der Strohkranz nicht mehr durchscheint. Dann verteilen Sie den Sternanis darauf und befestigen ihn, ebenso wie Kerzen, mit Heißkleber auf dem Kranz.
Am Schluss die Zimtsterne auf dem Kranz verteilen und mit einem Tropfen Heißkleber festkleben.
Die Zimtsterne sind sehr vielseitig und lassen sich auch zum Dekorieren verwenden (s. oben).
Für den Serviettenring ein Stück Kunststoffrohr mit Zimtstücken (große Stücke mit der Gartenschere zurechtschneiden) bekleben und obenauf einen Zimtstern setzen.
Wenn Sie Gäste erwarten, sind auch Serviettenringe mit Initialen sehr schön und können auch als kleines Geschenk überraschen.

*Die Amaryllis ist für mich der klassische Weihnachtsbote. Das schöne Rot wird mittlerweile unterstützt durch unterschiedliche Rosa- und Creme-Töne. Leider hält die Pracht nur bis zu zwei Wochen, als Schnittblume bis zu einer Woche. Nach der Blüte wird der abgestorbene Blütenstängel entfernt, das Laub belassen, bis es von alleine einzieht.*
*Danach kühl und dunkel stellen und das Gießen einstellen. Sobald sich wieder eine grüne Spitze zeigt, darf die Amaryllis wieder etwas wärmer stehen und ein klein wenig angegossen werden. Erst wieder gießen, wenn der Blütenstängel ca. 15 cm hoch ist.*

Verkauf 12

# *Amaryllis*

# Ritterstern

*1 „Alnus incàna"*
*Grau-Erle, Laubbaum bis 25 m hoch, sommergrün, kleine, fast schwarze Zapfen, bis 2 cm lang, ideal für kleine Gestecke oder Bastelarbeiten*

*2 „Pinus strobus"*
*Weymouth-Kiefer, auch Seidenkiefer, Nadelbaum bis 30 m hoch, immergrün, nougatbraune, glänzende Zapfen, bis 20 cm groß, leicht lösbare Schuppen, schön zum Aufhängen oder für Bastelarbeiten*

*3 „Larix decidua"*
*europäische Lärche, Laubbaum bis 40 m hoch, sommergrün, hellbraune, kleine Zapfen, bis 6 cm lang, haften oft auch noch an den Zweigen, Zweige mit Zapfen lassen sich gut zu Kränzen binden*

*4 „Pseudotsuga menziessii"*
*Douglasie, Nadelbaum bis 55 m hoch, immergrün, hellbraune, zipfelige, haarige Schuppen, bis 10 cm lang*

*5 „Liquidambar styraciflua"*
*Amerikanischer Amberbaum, Laubbaum bis 30 m hoch, sommergrün, braune, kugelig verholzte Früchte am Stiel, bis 3cm groß, wirken einzeln als Streuteile sehr schön*

*6 „Picea abies"*
*Gemeine Fichte oder Rottanne, Nadelbaum bis 40 m hoch, immergrün, mittelbraune Zapfen, bis 15 cm lang, Zapfen hängen oft noch am grünen Reisig, sehr schön zur Außendeko, ideal für Kränze oder Kegel*

*7 „Pinus nigra"*
*Schwarz-Kiefer, Nadelbaum bis 45 m hoch, immergrün, braune Zapfen, bis 10 cm lang, optimal für Kränze, Kegel oder weihnachtliche Gestecke*

1

2

3

Bastel-Tipp!

Schnell und günstig selbstgemacht ist ein dekorativer Zapfenstab, welcher auch gut für Dekorationen im Freien geeignet ist. Auf eine geschnittene Haselnussrute wird mit Heißkleber ein großer Schwarzkiefernzapfen geklebt und dann mit Bändern, Weihnachtsschmuck, Reisig und Zimtstangen verziert.
Die Spitze des Stabes leicht anspitzen und in den Boden oder in einen Topf stecken.

# Einladende Baumfrüchte

**Kosten:** *bis 15 €* **Dauer:** *ca. 60 min* **Tipp:** *Für einen Mix aus Alt und Modern lackieren Sie die Geweihe farbig!*

# Hirschlampe

## *Material:*

1 Hirsch- oder Rehgeweih, roter Sprühlack, 1 Multiplexplatte 3-5 mm, 2 Kanthölzer 8 mm, Fassung für Glühbirne, Glühbirne, Schrauben, Bohrer, Akkuschrauber und Stichsäge

## *Anleitung:*

Sägen Sie die Multiplexplatte zu (Maße: 24x50 cm) und befestigen links und rechts im Abstand von 4,5 cm zur Außenkante mit den Schrauben 2 Kanthölzer auf den Rückseiten der Multiplexplatten. Lackieren Sie beide Rohlinge mit dem roten Sprühlack. Positionieren Sie nun auf der Vorderseite das Geweih in gewünschter Höhe und fixieren Sie es von der Rückseite mit 2 Schrauben. Dann befestigen Sie von der Rückseite die Fassung mittig zwischen die beiden Kanthölzer. Eine Querverbindung zwischen den beiden Kanthölzern dient als Aufhängung für die Lampe.

Achtung! Das Anschließen von elektrischen Leitungen muss von einem Elektriker vorgenommen werden!
Also bitte nicht selbst machen!

Karoherzen mit alten Knöpfen (Erbstücke) verziert, hängen schnell an Griffen oder auch an Geschenken.

Schnell selbstgemacht: Styroporkegel mit Schuppen eines Tannenzapfen und roten Perlen bekleben.

# Weihnachtsgruß

## *Material:*

1 Hartfaserplatte 5 mm, roter Sprühlack, Klarlack, wasserfester Stift 1-2 mm in weiß, Schablone Herz und Schriftzug (S.165), Bleistift, Klebestick, Stichsäge, 5 mm Holzbohrer, Schleifpapier, Nagelschere und Karoband

## *Anleitung:*

Übertragen Sie das Herz auf die Platte und sägen Sie es mit der Stichsäge aus.
Die Kanten mit dem Schleifpapier brechen. Oben am Herz im gleichen Abstand zwei Punkte als Aufhänger anzeichnen und durchbohren. Damit die Lackierung gut deckt, ist eine Grundierung zu empfehlen. Lackieren Sie das Herz mit dem roten Sprühlack (bitte nur im Freien oder in gut belüfteten Räumen!). Gut trocknen lassen!
Im trockenen Zustand mit einem weißen Stift Punktmuster am Rand entlang malen und trocknen lassen. Den Schriftzug kopieren, mit einer kleinen Nagelschere vorsichtig ausschneiden und auf dem Herz auslegen. Mit dem Klebestick nach und nach aufkleben. Im fertigen Zustand mit 1-2 Schichten Klarlack überziehen. Das Karoband in gewünschter Länge durchziehen und an den Löchern verknoten.

Das typische ländliche Karomuster passt sehr gut zur Weihnachtszeit und wirkt nie zu aufdringlich.

Die Anleitung der Adventslichter finden Sie auf S.69. Vier Stück davon ergeben einen schönen Adventskranz.

**Kosten:** *ca. 5€* **Dauer:** *ca. 30min* **Tipp:** *Tolles Mitbringsel z.B. mit Familienname oder Hausnummer.*

*Der Weihnachtsstern ist für mich der Weihnachtsbote schlechthin und meist in rot anzutreffen. Es gibt mittlerweile auch rosa, cremegelbe und blaue Weihnachtssterne.*
*Er wird auch Adventsstern genannt und blüht von November bis Februar, indem sich die Hochblätter verfärben.*
*Er gehört zu den Kurztagspflanzen und blüht nur, wenn er weniger als 12 Stunden Licht am Tag bekommt.*
*Er erfordert sehr viel Pflege und es braucht sehr viel Aufmerksamkeit, ihn wieder zum Blühen zu bringen. Er ist giftig und der Milchsaft, welcher bei Verletzung der Pflanze austritt, kann zu Hautreizungen führen.*
*Der Verzehr einer minimalen Menge kann schon zu Vergiftungserscheinungen führen!*

*Verkauf* 12

# *Euphorbia pulcherrima*

## Weihnachtsstern

## „Ilex“

*Stechpalme, immergrüne Blätter, trocknet gut ein, bis 2 m hoch, sommergrüne Sorte „Magical Berry“ trägt besonders viele, schöne rote Früchte, benötigt zur Befruchtung eine männliche Pflanze, da nur weibliche Pflanzen Früchte tragen, gering giftig*

## „Abies“

*Tanne, dunkelgrüne, robuste Nadeln, heimischer Baum mit bis zu 20 m Höhe, Nadeln halten sich lange, sehr gut für Kränze oder Sträuße geeignet*

## „Pinus“

*Kiefer, grüne, lange Nadeln, sehr robust, heimischer Baum mit bis zu 40 m Höhe, trägt schöne Kiefernzapfen, für Sträuße oder Gestecke geeignet, einzelne Nadeln können auch verwendet werden (Gestecke, Steckschaum-Kränze, ...)*

Kränze für Weihnachten lassen sich schnell selbst binden und die gezeigten Sorten eignen sich dafür sehr gut.
Alle gebundenen Kränze halten länger, wenn sie nicht allzu warmen Temperaturen ausgesetzt werden und regelmäßig mit Wasser besprüht werden. Der Weihnachtsbaum sollte auch nicht gleich ins Warme gestellt werden. Ich lasse ihn ein paar Tage noch draußen eingepackt, dann nehmen ich ihn in einen kühlen, frostfreien Raum und säge eine kleine Baumscheibe unten ab, damit die Poren offen sind und er das Wasser besser aufnehmen kann. Ich stelle ihn Tag für Tag wärmer und am besten nicht in die Nähe von Heizkörper oder Kachelofen. Täglich bekommt er eine frische Ration Wasser. Am längsten hält sich die Nordmanntanne mit fast 3 Wochen, diese duftet allerdings kaum. Eine Fichte duftet toll, hält aber nur bis zu 2 Wochen.

## „Buxus"

*Buchsbaum, immergrüne, kleine Blätter, Strauch mit bis zu 8 m Höhe, giftig, öfters mit Wasser besprühen, da die Blätter sonst welken und sich einrollen, toll für Kränze, Gestecke und Girlanden*

## „Mahonia aquifolium"

*Gewöhnliche Mahonie, immergrüne, dunkelgrüne, stachelige Blätter, Busch mit bis zu 1,5 m Höhe, gering giftig, Laub hält sich gut, schöner Ersatz für Stechpalme, geeignet für Kränze und Gestecke*

## „Pinca abies"

*Fichte, feine, dunkelgrüne Nadeln, nadelt sehr schnell, heimischer Baum mit bis zu 25 m, trägt Fichtenzapfen, besser für Außendekoration, Zweige mit daran haftenden Zapfen sind zur Dekoration von Balkonkästen, Töpfen oder Schalen sehr gut geeignet*

# Duftendes Weihnachtsgrün

# Baumschmuck

## *Material:*

Acryllack (aus Bastelbedarf) in rot und elfenbein, verschiedene feine Haarpinsel, Wasser, dünnes Satinband

## *Salzteig (für ca. 30 Teile):*

250 g Mehl, 250 g feinkörniges Salz, 120 ml lauwarmes Wasser, Backpapier, Backblech

## *Anleitung:*

Mischen Sie Mehl und Salz in einer Schüssel und kneten Sie das Wasser langsam mit unter. Dann zu einer Kugel formen und für 30 min zudecken, so wird er geschmeidiger. Den fertigen Salzteig mit dem Nudelholz ausrollen und die gewünschten Formen mit einer Ausstechform ausstechen. Die „Candy Canes" lassen sich am besten aus einer Kugel in eine Rolle formen und zuschneiden. Oben einen Aufhänger formen und fertig sind sie. Lassen Sie alles bei 150° (vorgeheizter Backofen) ca.35 min aushärten. Nach dem Abkühlen können Sie den Baumschmuck bemalen (Schablone S.164) und ein dünnes Satinband als Aufhänger anbringen.
Der Baumschmuck aus Salzteig ist nur für Innenräume geeignet.

Das Muster am besten mit einem ganz feinen Pinsel aufbringen. Dafür sollten Sie eine ruhige Hand haben.

Eine Girlande aus Zapfen, kleine Nikolausmützen und ein Stiefel (S.166) schmücken den Kachelofen.

**Kosten:** *ca. 5 €* **Dauer:** *ca. 60 min* **Tipp:** *Auf S.136 finden Sie eine Idee für wetterfesten Schmuck!*

# *Kleine Geschenke*

Kleinigkeiten zu Weihnachten für ganz besondere Menschen sind mir sehr wichtig.
Meist schnell und günstig selbst gemacht und ganz individuell dazu. Jeder der mir etwas Gutes tut, hat es verdient, eine Kleinigkeit zu erhalten und sei es auch nur eine kleine Tüte mit selbstgebackenen Plätzchen oder einer selbst gemachten Karte.
Ich habe die Erfahrung gemacht, dass sich jeder über eine selbstgemachte Kleinigkeit freut und das meist mehr, als über etwas Gekauftes.
Ich nehme mir Zeit, um etwas selbst zu machen und Zeit ist heute etwas sehr Kostbares.
Hier sind nun ein paar Ideen von mir, die zur Anregung dienen sollen (Schablonen S.164 und 166).

### *Wetterfester Weihnachtsschmuck*

Herz oder Stern (Schablone S.163/164) aus einer dünnen Sperrholzplatte aussägen, Loch für Aufhänger bohren, Kanten mit Schleifpapier brechen, in gewünschter Farbe (Acryllack) lackieren. Stoffreste mittels einer zweiten, kleineren Schablone zuschneiden, mit wasserfestem Holzleim auf die Holzform aufbringen und komplett damit bestreichen (licht- und wetterfest). Als Aufhänger ein dünnes Satinband oder eine Paketschnur verwenden. Gut verknoten, damit sie sich durch Feuchtigkeit nicht lösen können.

# *Weihnachtszeit - die Zeit der Lichter und des Glanzes*

Die Weihnachtszeit ist bei mir die Zeit der Besinnlichkeit und der Vorfreude auf den heiligen Abend.
Auch im Freien hält bei mir die Weihnachtsstimmung Einzug und der Garten wird in traditionellem Rot und Grün geschmückt.
Aus Fichtenzapfen habe ich mit Heißkleber einen Stern gebastelt, welcher auch einzelne Rankhilfen und Rosenstäbe schmückt. Ein großer, selbstgebundener Tannenkranz, mit Ilex-Zweigen und den schönen roten Beeren verziert, zaubert weihnachtliches Flair an die Haustüre.
Ein kleiner Weihnachtsbaum schmückt den Vorgarten und sorgt mit dem selbstgemachten, farbenfrohen und wasserfesten Schmuck (s. oben) zusätzlich für Weihnachtsstimmung. Ein einfacher Weidenkorb wird mit Holzstücken, Reisig und Filzschmuck zu einem Hingucker und sorgt für ländliche, vorweihnachtliche Stimmung auf dem Balkon oder der Terrasse.
Die Zapfenstäbe von S.120 lassen sich entlang des Weges in den Boden stecken und die sonst mit bunten Sommerblumen bepflanzten Töpfe bekommen durch eine Zapfensammlung in der Mitte und Fichtenreisig drumherum ein weihnachtliches Kleid.

*Der wetterfeste Weihnachtsschmuck kann durch den Stoff individuell auf Ihre Farbwünsche abgestimmt werden.*

# 01-02

## *Januar Februar*

# Winterzeit

# Schneeflocken

## *Material für ca. 15 Stück:*

weißer Moosgummi oder fester Tonkarton, kleine Schere, Schablone (S.166), Stoff nach Wahl, Zucker, Glitter, Wachsperlen, Klarlack

## *Anleitung:*

Übertragen Sie die Schablone auf den Tonkarton und schneiden Sie die Schneeflocken vorsichtig aus.
Wenn Sie Schneeflocken aus Stoff machen, kleben Sie zuerst den Stoff auf den Moosgummi und übertragen dann die Schablone. Nun können Sie die Schneeflocken nach Belieben verzieren oder auch pur lassen. Sie können sie aufhängen, zur Deko auslegen, oder Sie nähen Schneeflocken aus Filz auf die Tischdecke oder auch auf ihre Servietten.

Schneeflocken aus Wachsplatten vorsichtig ausgeschnitten und auf Kerzen aufgebracht sehen toll aus!

Mit Schneespray und einer positiven Schablone lassen sich die Schneeflocken auch auf Fenster aufbringen.

**Kosten:** *ca. 6 €* **Dauer:** *ca. 25 min* **Tipp:** *Kaufen Sie im Weihnachts-Ausverkauf ein, ist günstiger!*

# Schneekranz

## *Material:*

Styroporkranz 30 cm, 200 g Packung Watte, Silberdraht mit Kristallen (aus Weihnachtsbedarf), weiße Pailletten, kleine Stecknadeln

## *Anleitung:*

Umwickeln Sie den Styroporkranz mit Watte und dem Kristall-Silberdraht. Danach befestigen Sie mit den kleinen Stecknadeln die Pailletten und die Schneeflocken am Kranz.
Am Schluss binden Sie ein Band als Aufhänger an den Kranz.
Wenn Sie eine helle Haustüre haben, können Sie den Wattekranz auf einem etwas größeren Rebenkranz (aus Bastelbedarf) befestigen, um einen besseren Kontrast zu erzielen.

Eisbären gibt es in unterschiedlicher Form zu kaufen. Sie sind ein schönes Accessoire für jede Winterdeko.

Die Alternative für helle Haustüren: ein dunkler Rebenkranz mit weißen Schneeflocken hebt sich gut ab.

*Die Christrose ist die Erste, die ihre Blüten durch die Schneedecke steckt und dadurch ein leicht frühlingshaftes Bild vermittelt.*
*Leider ist sie hochgiftig und daher nichts für Familien mit kleinen Kindern.*
*Sie blüht in crémeweiß und wird bis 70cm breit und genauso hoch.*
*Sie hält sich bei ca. 18° C Zimmertemperatur relativ gut, kommt aber nach dem Verblühen sofort nach draussen in meinen Garten.*
*Aber auch als Schnittblume lässt sie sich ins Haus holen und hält hier bis zu drei Wochen.*
*Ihre Verwandte- die Lenzrose - blüht meist ab Ende Februar oder Anfang März in verschiedenen Grün- Rosa- Rot oder Purpurtönen bis hin zu fast schwarz.*

Blüte 01-03

# *Helleborus niger*
# Christrose

# Zauberhafte Schneekönige

Die gezeigten Stauden haben sehr schöne Samenstände, bei denen es sich lohnt, sie als Schmuck für den Winter stehen zu lassen.
Mein Bastel-Tipp:
Nehmen Sie einen Drahtring und umwickeln Sie diesen mit den Samenständen des Silberling (s. unten) und silbernen Dekodraht. So ein Kranz wirkt schön winterlich auf einer dunklen Schrank- oder Haustüre.

## „Eryngium alpinum"

*Alpen-Edeldistel, Staude, bis 150 cm hoch, blüht von Juli-August in hellem violettblau, sehr stachelig, ideal für Trocken-Gestecke oder Kränze*

## „Rudbeckia"

*Sonnenhut, Staude, bis 60 cm hoch, gelbe Blüte von Juli-September, verbreitet sich durch Wurzelausläufer, niedrige und hohe Arten erhältlich, sehr schön für Trocken-Gestecke oder Dekorationen*

## „Lunaria annua"

*Auch Silberling oder Judaspfennig genannt, ca. 60 cm hoch, blüht von April-Mai in rosa oder weiß, bildet dann grüne Samenstände aus, welche sich im Herbst pergamentartig verfärben, zweijährige Pflanze, immergrünes Laub, sehr dekorativ, ideal für Kränze, Sträuße oder Gestecke*

## „Dipsacus fullonum"

*Wilde Karde, bis 120 cm hoch, Blüte von Juli-August in hellrosa, Insektenmagnet, trocknet gut ein, zweijährige Pflanze, sehr stachelig, einzelne Stängel machen sich schön in einer großen Bodenvase*

## „Sedum telephium"

*Hohe Fetthenne, bis 80 cm hoch, blüht von Juli-August in weiß, rosa oder ziegelrot, trocknet sehr gut ein, ideal für Gestecke*

## „Astrantia"

*Sterndolde, Staude, bis 70 cm hoch, Blüte von Juli-August in rosa, weißrosa, purpur oder fast schwarz, trocknet gut ein, sieht sehr dekorativ aus*

**Kosten:** *ca. 1,50 €* **Dauer:** *ca. 8 min* **Tipp:** *Die Schneebälle sehen auch in Töpfe oder Amphoren schön aus (S.150).*

# Schneebälle

## *Material:*

Styroporkugeln, 2 Eiweiß, 500 g Zucker, 1 Backpinsel, Teller, Gläser, Reisigreste vom Weihnachtsbaum, künstlicher Schnee, Schneeflocken

## *Anleitung:*

Füllen Sie einen Teil des Zuckers in den Teller.
Dann bestreichen Sie mit dem Backpinsel eine Hälfte der Styroporkugeln mit dem Eiweiß und tauchen Sie sie gleich in den Zucker. Auf ein Glas legen zum Trocknen. Nach dem Trocknen die andere Hälfte bearbeiten.
Die Schneebälle lassen sich z.B. wie links unten auf eine Reisig-Girlande in die Mitte des Tisches dekorieren. Hierfür können Sie auch ein paar verbliebene Weihnachtsbaumzweige verwenden. Die Girlande mit Schneespray besprühen und dazu ein paar Schneeflocken verteilen.
Verzieren Sie große Blockkerzen mit Schneeflocken aus weißen Wachsplatten. Diese erhalten Sie im Bastelbedarf und mit der Schneeflocken-Schablone von S.166 sind die Schneeflocken schnell übertragen und ausgeschnitten.

Zweige auf den Tisch dekorieren, mit Schneespray besprühen und Schneebälle und Schneeflocken verteilen.

Aus Transparentpapier eine Schneeflocke ausschneiden und um ein Windlicht kleben (ablösbarer Sprühkleber).

# Wintertafel

## *Material:*

Nylonfaden, unterschiedliche Wachsperlen, Samenstände des Judaspfennig, Reagenzgläser (Apotheke), Christrosen, Schneeflocken

## *Anleitung:*

Fädeln Sie auf je einen Nylonfaden Wachsperlen, Samenstände und Schneeflocken und befestigen Sie die Reagenzgläser am unteren Ende des Nylonfadens. Hängen Sie die einzelnen Fäden an Ihrer Lampe oder an ihrem Kronleuchter auf.
Wenn Sie keine geeignete Lampe haben, können Sie z.B. auch einen Ast im Fenster aufhängen.
Am Schluss geben Sie Wasser in die Reagenzgläser und stecken Christrosen (oder auch andere Winterblüher) hinein. Aus den Wachsperlen und Draht lassen sich auch schöne Kränze machen, welche mit einer Schneeflocke in der Mitte verziert und aufgehängt werden können.
Die Schneebälle werden in schöne Gefäße mit Wachsperlen- und weiß lackierten Reisigkränzen auf die Fensterbänke dekoriert.

Ein Glaswindlicht verwandelt sich mittels Schablone und Schneespray in eine schönes Schneelicht.

**Kosten:** *ca. 15 €* **Dauer:** *ca. 45 min* *Hier kommt es ganz auf das verwendete Material an!*

*Das kleine Schneeglöckchen steckt als eine der ersten Zwiebelblumen ihre weißen, glockenförmigen Blüten aus der Schneedecke.*
*Es wird bis 15 cm hoch und die Blüte öffnet sich nur mit genügend Licht und Wärme.*
*Leider ist das Schneeglöckchen giftig und zudem noch eine geschützte Wildpflanze.*
*Es darf daher in freier Natur nicht gepflückt oder ausgegraben werden.*
*Es gibt mittlerweile viele Sorten und die gefüllt blühenden Schneeglöckchen sind besonders schön. Das Schneeglöckchen ist auch für die Schalen- oder Topfpflanzung geeignet.*

01-02

*Galanthus nivalis*

# Schneeglöckchen

**Kosten:** *ca. 9 €* **Dauer:** *ca. 60 min* **Tipp:** *Verwenden Sie Weichholz, da es beim Sägen nicht so stark ausfranst.*

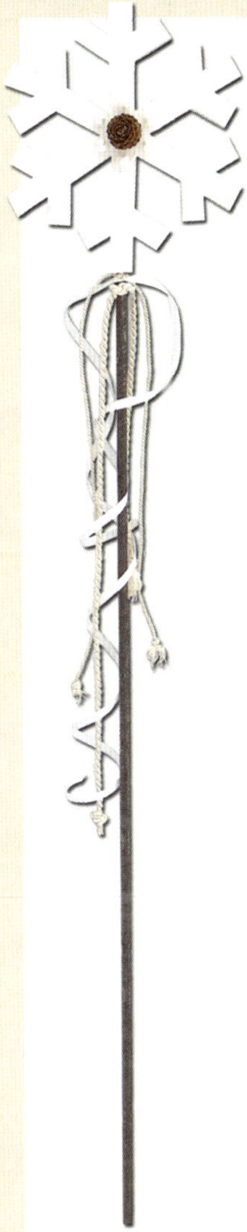

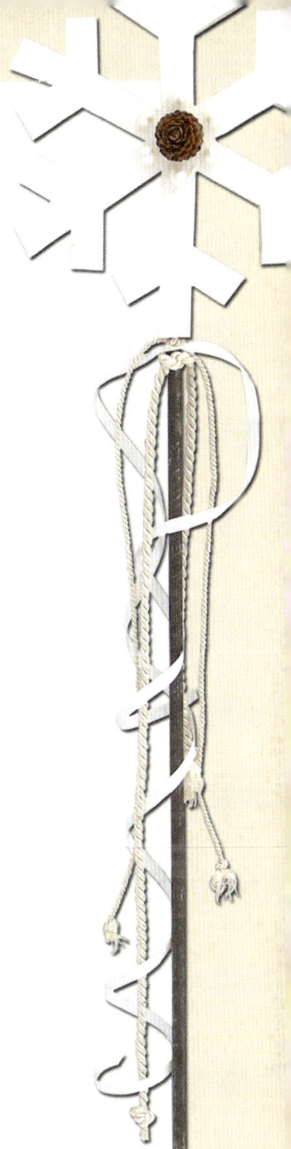

# Winterstab

## *Material:*

Weichholzplatte ca. 1 cm dick, Stich- oder Laubsäge, Schablone (S.166), Schleifpapier, Dispersionsfarbe, weißer Sprüh- oder Acryllack, Metallstab, Bohrer, Heißklebepistole, Perlen, kleine Lärchenzapfen, verschiedene Kordeln und Bänder

## *Anleitung:*

Vergrößern Sie die Schablone auf die gewünschte Größe und zeichnen Sie diese auf die Platte. Sägen Sie die Schneeflocke vorsichtig aus und brechen Sie die Kanten mit dem Schleifpapier. Bohren Sie in eine Unterkante der Schneeflocke vorsichtig ein etwa 3 cm tiefes Loch für den Stab. Stecken Sie die Schneeflocke auf den Stab und grundieren Sie diese mit der Dispersionsfarbe. Nach der Trockenzeit können Sie die Schneeflocke lackieren. Gut trocknen lassen! Dann die Schneeflocke und den Stab mit der Heißklebepistole nach Belieben mit Zapfen, Perlen und Bändern verzieren.

Kleine weiße Glöckchen an der Schneeflocke oder an den Bändern sehen schön aus und klingeln noch dazu.

Bänder an den Zapfentöpfe (S. 133) austauschen und dazwischen eine kleine Holz-Schneeflocke stecken.

*1 „Vaccinium vitis-idea"*
*Preiselbeere, immergrüner Kleinstrauch, bis 40 cm hoch, blüht von Juni bis Juli in weiß, daraus bilden sich kleine, sehr vitaminreiche rote Beeren, welche im gekochten Zustand essbar sind, sehen auch getrocknet noch schön aus*

*2 „Helianthus"*
*Sonnenblume, einjähriger Sommerblüher, bis 300 cm hoch, blüht von Juli bis Oktober in gelb, aus der Blüte entstehen die vitaminreichen Sonnenblumenkerne, welche ohne Schale essbar sind.*

*3 „Malus domestica"*
*Apfel, ab und zu einmal ein Stückchen reicht für den Vitaminbedarf des Vogels völlig aus, er braucht nicht jeden Tag frisches Obst.*

*4 „Sorbus aucuparia"*
*Eberesche, auch Vogelbeere genannt, blüht von Mai bis Juli in weiß und bildet danach die nahrhaften, vitaminreichen hellroten Beeren aus, die Sie auch nach dem ersten Frost einkochen können, bis 15 m hoch, roh ungenießbar (für Vögel im frischen oder getrockneten Zustand ein Festmahl)*

*5 „Aradis hypogaea"*
*Erdnüsse mit einem kleinen Nagel vorstechen und auf einen Draht auffädeln. Aufhänger dran und fertig ist ein schmackhafter Knabberspaß für Vögel.*

## Bastel-Tipp!

Nehmen Sie Backformen, fädeln ein schmales Band durch, verschließen eine Seite mit Alufolie und stellen es auf ein Backblech oder in eine Schale (es tritt ein bisschen Fett unten aus). Füllen Sie in jedes Formchen Vogelfutter. Lassen Sie Kokosfett bei leichter Temperatur in einem Topf schmelzen.
Füllen Sie jedes Formchen gut auf und lassen es abkühlen.
Die fertigen Formen können Sie nun an ihr Vogelhaus hängen oder auch draussen auf einem Tisch mit Beeren und Reisig winterlich dekorieren.

# Nahrhaftes Vogelfutter

*Der Seidelbast ist einer der schönsten, aber auch giftigsten, heimischen Sträucher. Er wird ca. 1,25 m hoch und blüht an halbschattigen Standorten von Februar bis März und ab August trägt er kräftig rote Früchte. Als einzige heimische Art bildet er sehr stark duftende purpurrosa Blüten direkt am Stamm aus. Der Seidelbast zieht vor allem Schmetterlinge an und trotz des hohen Giftgehaltes der Beeren ernähren sich mehrere Vogelarten von ihnen. Er kommt in der freien Natur nur noch sehr selten vor und steht daher unter Naturschutz. Das Gift sitzt in allen Pflanzenteilen, daher nicht ohne Handschuhe anfassen. Familien mit kleinen Kindern sollten ihn nicht anpflanzen. Der Verzehr weniger Beeren kann tödlich sein und schon die Berührung der Zweige kann zu starken Hautreizungen führen! „Daphne x burkwoodii" - der Burkwood Seidelbast hat hellrosa wohlriechende Blüten.*

Blüte 02-04

*Daphne mezereum*

# Gemeiner Seidelbast

„Rubra"

## *Hänge-Schneeflocke*

Die Hänge-Schneeflocke fertigen Sie nach der Anleitung des Winterstab von S.155 an. Durchbohren Sie die Schneeflocke an einer Seite und ziehen eine Kordel als Aufhänger durch. Wenn Sie unten auch eine Kordel und ein Band durchziehen, lassen sich z.B. auch kleine Glöckchen daran befestigen.

# *Winterzeit - die Zeit der Ruhe und Zufriedenheit*

Wenn eisige Temperaturen herrschen verlasse ich nicht gerne unser warmes und kuscheliges Zuhause. Wenn aber die frische Schneedecke vor mir liegt, unberührt und puderig weiß, zieht es mich nach draußen. Denn auch der winterliche Garten wird bei mir dekoriert.
Ein Kranz aus Birkenreisig und Lärchenzweigen umrahmt das kleine Vogelhäuschen, welches auch eine Hausnummer (Schablone S.166) besitzt und der Vorgarten wirkt durch die Dekorationen auch ohne Schnee sehr winterlich.
Raureif überzieht Gräser, Samenstände, sowie Rankhilfen und Töpfe mit feinen, weißen Eiskristallen und läßt den Garten in einem anderen Licht erscheinen. Hier und da steckt die Schneerose ihre wunderschönen, weißen Blüten aus dem Boden und sorgt schon ein bisschen für Frühlingsstimmung. Ich dekoriere Schlitten, Türe und Töpfe mit Fichtenreisig und hänge hier und da noch eine Holz-Schneeflocke dazu oder stecke schöne Winterstäbe (S.155) in den Boden.
Auch wenn der Winter ein kalter und ungemütlicher Zeitgenosse ist, unterstütze ich Väterchen Frost gerne in diesen Monaten mit ein bisschen Schönheit in Form von winterlicher Dekoration.

*Die Schneerose blüht in milden Lagen schon ab Mitte Dezember.*

49

Holztulpe S.16/17
Holz-Ei
S.24/25
Stoff-Ei
S.24/25

# Schablonen

Schmetterling S.30/31

Dosenlicht S.45

Dosenlicht S.45
Baumhänger S.136

Stofffahne S.72/73

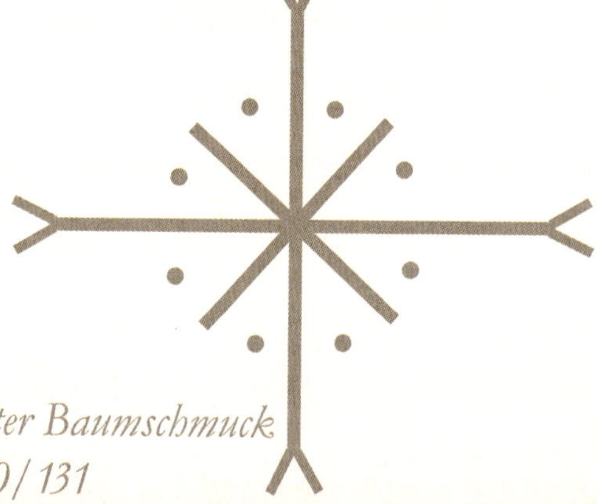

Muster Baumschmuck
S.130/131

*Schriftzug Weihnachtsgruß S.124/125*

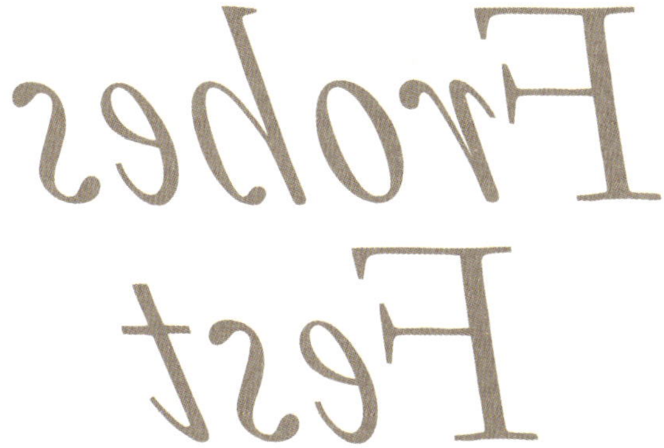

*Weihnachtsgruß S.124/125*

Hausnummer S.161

# 12345
# 67890
# a b c d

# Dankeschön!

*Thomas*

*Ich liebe Dich und danke Gott und den beiden da oben, dass sie uns zusammengeführt haben! Ich danke Dir auch für Deine stetige Unterstützung in allem was ich anpacke.*
*Außerdem danke ich Dir für Deine unendliche Geduld beim „Bastel-Shopping" und für die Hilfe beim Zusägen der Holzschneeflocke von S.28, dem Schneeflockenstab von S.37, der Teppichrollen von S.52/53 und S.94/95, das Basteln und Anschließen der Hirschlampe von S.146/147 und das Zusägen von dem Holzstern von S.158/159.*

*Mama und Papa*

*Dank Euch konnte ich meinen Wunschberuf ergreifen und für all das und noch viel mehr liebe ich Euch sehr!*
*Ich danke Euch von ganzem Herzen für Eure Liebe und Euren Glauben an mich! Dir Mama auch noch ein ganz herzliches „Danke" für die Hilfe bei den Texten und Deine konstruktive Kritik! Und Dir, Papa, vielen lieben Dank noch mal fürs Ausleihen der Digitalkamera und Dein Feedback zu meinen Fotos!*

*Oma*

*Ich danke und liebe Dich dafür, dass Du mir Vieles in meinem Leben beigebracht hast. Dank Dir und Deiner Geduld konnten der Walnusskranz von S.108/109 und die Walnusskugel von S.110/111 entstehen.*

*Andreas, Conrad und Constanze*

*Ich danke Gott dafür, dass es Euch 3 gibt. Ich bin mächtig stolz auf Euch und liebe Euch dafür, dass ihr so seid, wie ihr seid!*
*Dir Stanze nochmal ein herzliches „Danke" fürs Korrekturlesen!*

*Marianne*

*Ein riesiges Dankeschön für all die schönen Föll-Erbstücke, wie z.B. der Wäschekorb von S.06, die Etagere von S.36, die Hirschfigur von S.94, die Geweihe von S.122 und die Knöpfe von S.123/124. Ich habe Dich in mein Herz geschlossen und bete jeden Tag dafür, dass Du noch lange hier sein darfst!*

*Frau Herbst*

*Vielen lieben Dank für Ihr Bauchgefühl und Ihre Unterstützung! Dank Ihrem Glauben an mich und Ihrem Engagement konnte mein erstes Werk veröffentlicht werden.*

*Simone*

*Danke für Dein wunderschönes Stoff-Herzchen von S.11 und für Deine Mithilfe bei der Werbung für Dekozeit und den Verlag BusseSeewald! Es ist schön, Dich zu kennen!*

*Alexander*

*Tausend Dank für Deine Tipps zur Druckvorbereitung!*

# Adressen

## Blumenzwiebeln:

Firma Beringmeier
Inh. Jörg Pohlmann
Landauer Str. 9 - 34454 Bad Arolsen
Tel. 05691-626783
www.saatgut-shop.com (Internetshop)

## Clematis:

F.M.Westphal Clematiskulturen
Inh. F.M. Westphal
Peiner Hof 7 - 25497 Prisdorf
Tel. 04101-74104
www.clematis-westphal.de (Internetshop)

## Garten- und Wohnaccessoires:

Country Garden,
Versand für Garten- und Wohnkultur GmbH
Nagolderstraße 27 - 72119 Ammerbuch-Pfäffingen
Tel. 07073-2372
www.countrygarden.de (Internetshop)

Impressionen Versand,
22877 Wedel
Tel. 0180-5232341
www.impressionen.de (Internetshop)

Heinrich Woerner GmbH,
Liebigstraße 37 - 74211 Leingarten
Tel. 0180-5987870
www.woerner.ws (Internetshop)

## Gewürze:

Senger Gartenartikel und Naturalien
Inh. Holger Senger
Bachstrasse 2 - 37127 Dransfeld
Tel. 05502-999030
naturland123@aol.com (Ebay-Shop Worldherb)

## Kürbis-Sämereien:

FLOVEG GmbH
Zur Bauernsiedlung 5 - 50354 Hürth-Fischenich
Tel. 02233-9499431
www.floveg.de (Internetshop)

## Stauden und Raritäten:

Staudengärtnerei Alpine Raritäten
Inh. Jürgen Peters
Auf dem Flidd 20 - 25436 Uetersen
Tel. 04122-3312
www.alpine-peters.de (Internetshop)

## Stoffe:

Patchwork & Fun
Inh. Bettina Rüßmann
Bühlstraße 68 - 89522 Heidenheim
Tel. 07321-24694
www.patchwork-and-fun.de (Internetshop)

Simi.S. Atelier
Inh. Simone Streicher
Gartenstraße 4 A - 85128 Wolkertshofen
Tel. 08424 - 887538
www.simis-atelier.de (Internetshop)
Quilts, Babydecken, Kissen, Stoffherzen (s.S.11),
Tischdecken, Taschen und Stoffe

## Wildrosen (Hagebutten):

Eggert Baumschulen
Inh. Jörg Eggert
Baumschulenweg 2-6 - 25594 Vaale
Tel. 04827-932627
www.eggert-baumschulen.de (Internetshop)